Philipp Krammer
Robert Schwandl

STUTTGART STADTBAHN ALBUM

The Stuttgart Light Rail Network

Berlin
2008

Philipp Krammer
Robert Schwandl

STUTTGART STADTBAHN ALBUM

The Stuttgart Light Rail Network

Nahverkehr in Deutschland - Band 10
Urban Transport in Germany - Vol. 10

Unser Dank für ihre Hilfe geht an:
Daniel Riechers, Fritz D. Kegel, Gerhard Wandel, Hans-Joachim Knupfer (SSB), Heike Fichtner, Manfred Kreisner, Norbert Reulke, Sven Schäfer und vor allem an Matthias Frey.

Robert Schwandl Verlag
Hektorstraße 3
D-10711 Berlin

Tel. +49 (0) 30 - 3759 1284
Fax +49 (0) 30 - 3759 1285

www.robert-schwandl.de
info@robert-schwandl.de

1. Auflage, 2008

English Translation by Robert Schwandl & Mark Davies

Satz: Robert Schwandl
Druck: Ruksaldruck Berlin

ISBN 978-3-936573-17-6

_ VORWORT

Im Dezember 2007 hat Stuttgart geschafft, was sich in den siebziger Jahren viele Städte in Deutschland vorgenommen hatten – fast das gesamte damalige Straßenbahnnetz wurde nach und nach stadtbahnmäßig ausgebaut und gleichzeitig durch mehrere Neubaustrecken ergänzt. Stuttgart hat mit Inbetriebnahme der Linie U15 nach 22 Jahren den Mischbetrieb von meterspurigen Straßenbahnen und normalspurigen Stadtbahnen beendet und kann auf sein effizientes Nahverkehrsnetz durchaus stolz sein, zumal auch die S-Bahn ihre Aufgabe sowohl innerhalb der Stadt als auch in der Region um Stuttgart bestens erfüllt.

Aufgrund der starken Überlappung und Verflechtung der einzelnen Linien präsentieren wir die Stadtbahnstrecken nach den traditionellen Liniengruppen (Tallängs-, Diagonal- und Talquerlinien), innerhalb dieser Gruppen fahren wir dann eine Linie nach der anderen ab. Streckenabschnitte mit mehreren Linien werden demnach immer bei der niedrigsten Nummer der einzelnen Liniengruppen besprochen, so findet man z.B. die Haltestelle Schlossplatz bei der Linie U5 und nicht bei der U6, U7 oder U15. Zahlreiche Querverweise und das Haltestellenverzeichnis am Ende des Buchs helfen Ihnen bei der Orientierung.

Für den Nahverkehrsfreund gibt es in und um Stuttgart mit der Zahnradbahn nach Degerloch, der Standseilbahn zum Waldfriedhof sowie mit dem Obus in Esslingen noch weitere interessante Verkehrsmittel zu entdecken, die wir Ihnen alle im 10. Band unserer Reihe ‚Nahverkehr in Deutschland' vorstellen möchten. Wir wünschen Ihnen viel Spaß bei unserer Rundfahrt!

Stuttgart/Berlin, im Januar 2008

Philipp Krammer & Robert Schwandl

_ FOREWORD

By December 2007, Stuttgart had achieved what many other German cities had planned during the 1970s: almost the entire former tramway network had been upgraded to modern Stadtbahn standard, and several new routes had even been built. With the conversion of line U15, Stuttgart has concluded the 22-year process of converting its metre-gauge network into a standard-gauge Stadtbahn system. The city can now be proud of boasting one of Germany's most efficient urban rail networks, which is complemented by an S-Bahn system that serves both the city and the surrounding region.

As the Stadtbahn lines overlap along some sections, and different groups of lines are interlaced with each other, we will present them group by group (valley, diagonal and cross-valley lines), and then line by line within each group. Sections served by more than one line are thus dealt with in the chapter on the line with the lowest number, e.g. Schlossplatz is found in the chapter on line U5, although it is also served by lines U6, U7 and U15. The many cross-references and the index at the end of the book will help you to find all the information on each station.

For the urban transport enthusiast, Stuttgart and its region have more fascinating things in store: the rack railway to Degerloch, the funicular to the Waldfriedhof, as well as the trolleybus in Esslingen. This book, the tenth volume of our series on 'Urban Transport in Germany', covers all of these exciting means of transport.

We wish you a pleasant journey!

Stuttgart/Berlin, January 2008

Philipp Krammer & Robert Schwandl

Inhalt *Contents*

Einführung | *Introduction* ... 4
Geschichte der Straßenbahn
History of the Tramway System ... 6
Von der Straßenbahn zur Stadtbahn
From Tramway to Stadtbahn ... 10

Tallängslinien | *Valley Lines* ... 14
U1 ... 16
U2 ... 28
U11 ... 34
U14 ... 36
Diagonallinien | *Diagonal Lines* ... 44
U4 ... 46
U9 ... 54
Tangentiallinie U13 | *Tangential Line U13* ... 58
Tangentiallinie U3 | *Tangential Line U3* ... 64
Talquerlinien | *Cross-Valley Lines* ... 68
U5 ... 72
U6 ... 84
U7-U8 ... 92
U15 ... 100

Stadtbahn-Fahrzeuge | *Stadtbahn Rolling Stock* ... 108

Zahnradbahn | *Rack Railway* ... 110
Seilbahn | *Funicular* ... 114

S-Bahn ... 116
Obus | *Trolleybus* in Esslingen ... 136

Haltestellenverzeichnis | *Station Index* ... 138
Netzplan S-Bahn | *S-Bahn Network Map* ... 142
Netzplan Stadtbahn | *Stadtbahn Network Map* ... 143
Netzplan Innenstadt | *City Centre Map* ... 144

①

Stuttgart ist die Landeshauptstadt von Baden-Württemberg und mit 591.464 Einwohnern (30. 9. 2007; 207 km^2) die sechstgrößte Stadt in Deutschland, hinter Berlin, Hamburg, München, Köln und Frankfurt, und knapp vor Dortmund und Essen. Zusammen mit den angrenzenden Kommunen steigt die Bevölkerungszahl auf über eine Million: Kornwestheim (30.973), Remseck am Neckar (22.617), Fellbach (44.074), Kernen (15.331), Esslingen (91.757), Ostfildern (35.043), Leinfelden-Echterdingen (36.916), Sindelfingen (60.749), Leonberg (45.615), Gerlingen (18.839), Ditzingen (24.216) und Korntal-Münchingen (18.368). Das bebaute Gebiet von Sindelfingen und Leonberg ist allerdings räumlich klar vom Stuttgarter Stadtgebiet durch den großen Glemswald getrennt. Stuttgart bildet mit den fünf umliegenden Landkreisen (Ludwigsburg - 514.686, Rems-Murr-Kreis - 417.388, Esslingen - 514.632, Böblingen - 372.403, Göppingen - 256.356) die ‚Region Stuttgart' mit 2.670.917 Einwohnern, wobei der Landkreis Göppingen nicht direkt an die Stadt Stuttgart grenzt und auch bislang nicht von der S-Bahn erreicht wird.

Stuttgart gehört wie der Rest des Landes Baden-Württemberg zu den wirtschaftlich stärksten Regionen Deutschlands, die Stadt ist weltweit bekannt als Sitz zahlreicher Traditionsunternehmen wie Daimler, Porsche oder Bosch.

Das Stuttgarter Stadtzentrum liegt in einem Talkessel, der einst vom Nesenbach gebildet wurde. Von diesem Gewässer, das im Bereich Vaihingen/Kaltental entspringt, ist im Stadtzentrum nichts mehr zu sehen. Es fließt heute durch Kanäle meist unterirdisch direkt zur Kläranlage Mühlhausen.

Das Stadtzentrum, das sich am Schlossplatz auf einer Höhe von 248 m über N.N. befindet, wird auf fast allen Seiten

Stuttgart is the capital of the German state of Baden-Württemberg. It has a population of 591,464 (30 Sept 2007; 207 km2), and is thus Germany's sixth largest city after Berlin, Hamburg, Munich, Cologne and Frankfurt, being closely followed by Dortmund and Essen. Together with the neighbouring municipalities, the total population rises to over one million: Kornwestheim (30,973), Remseck am Neckar (22,617), Fellbach (44,074), Kernen (15,331), Esslingen (91,757), Ostfildern (35,043), Leinfelden-Echterdingen (36,916), Sindelfingen (60,749), Leonberg (45,615), Gerlingen (18,839), Ditzingen (24,216) and Korntal-Münchingen (18,368); the built-up areas of Sindelfingen and Leonberg are, however, clearly separated from the Stuttgart city territory by the Glemswald, a large forested area. Stuttgart and the five neighbouring 'Landkreise' [counties] constitute the 'Region Stuttgart', which is home to 2,670,917 people (Ludwigsburg - 514,686, Rems-Murr-Kreis - 417,388, Esslingen - 514,632, Böblingen - 372,403, Göppingen - 256,356). The Landkreis of Göppingen is not contiguous with the city of Stuttgart and is not served by the S-Bahn either.

Like the rest of the state of Baden-Württemberg, Stuttgart is economically among the strongest regions in Germany, with well-known companies such as Daimler, Porsche and Bosch having their headquarters here.

The Stuttgart city centre lies in a valley once formed by the Nesenbach, a small river that rises in the Vaihingen/Kaltental area, but which is no longer visible in the city centre as it runs underground to the Mühlhausen sewage treatment plant.

The city centre, which at Schlossplatz lies at 248 m above sea level, is almost completely surrounded by hills rising 100

Stuttgart von oben | *Stuttgart from above*:
① Blick von der alten Weinsteige (nahe Hst. Haigst) Richtung Norden über das Stadtzentrum.
- View towards the north over the city centre from the Alte Weinsteige (near the Haigst stop).
② U15 im Bereich der Haltestelle Stafflenbergstraße mit Blick über die Innenstadt.
- View over the city centre near the Stafflenbergstraße stop on line U15.

②

von Höhenzügen umgeben, die 100-200 m höher liegen. Nur nach Nordosten hin öffnet sich das Nesenbachtal zum Neckartal, jedoch auch jenseits dieses Flusses steigt das Stadtgebiet stetig an. Dadurch ergibt sich aus vielen Richtungen eine wunderbare Aussicht über die Innenstadt, oft umrandet von Weingärten. Für den Verkehr bedeutet diese Lage hingegen eine besondere Herausforderung, da erhebliche Höhenunterschiede zu überwinden sind.

_ Das öffentliche Verkehrsnetz in Stuttgart

Das Stadtbahnnetz wird von der *Stuttgarter Straßenbahnen AG* (SSB) mit zwölf Linien betrieben, dazu kommen die Sonderlinie U11, die Zahnradbahn und die Standseilbahn. Die Stadtbahn verkehrt vorwiegend innerhalb der Stadtgrenzen, lediglich 14,7 km von insgesamt 116 km liegen in den umliegenden Kommunen. Das Stadtbahnnetz wird ergänzt durch ein S-Bahn-Netz, welches die benachbarten Landkreise Ludwigsburg, Rems-Murr-Kreis, Esslingen und Böblingen mit der Landeshauptstadt verbindet. Innerhalb Stuttgarts liegen rund 40 km des insgesamt 177 km langen S-Bahn-Netzes, dabei werden 19 Stuttgarter S-Bahnhöfe mindestens alle 30 Minuten bedient.

Die Stadtbahn und die S-Bahn sind Teil des ‚Verkehrs- und Tarifverbunds Stuttgart' (VVS), der 1978 gegründet wurde. Die darin angebotenen Fahrscheine sind auch in allen Bussen und Regionalbahnen gültig. Das Verbundgebiet, das die vier oben genannten Landkreise und die Stadt Stuttgart umfasst, unterteilt sich in Tarifzonen, der Fahrpreis richtet sich nach der Anzahl der durchfahrenen Zonen. Die Stadt Stuttgart stellt dabei die Zonen 10 (Innenraum) und 20 (Außenraum) dar. Bei Einzelfahrscheinen (1 Zone - 1,90 €, 2 Zonen - 2,35 €) sind maximal 6 Zonen zu bezahlen (6,30 €), Tageskarten sind entweder für zwei Zonen (5,60 €) oder für das Gesamtgebiet (11,50 €) erhältlich. Mit 65,00 € für eine Monatskarte für das gesamte Stadtgebiet liegt Stuttgart im Vergleich zu anderen großen Städten in Deutschland im Mittelfeld (alle angegebenen Fahrpreise beziehen sich auf das Jahr 2008).

Bei der Stuttgarter Stadtbahn fahren um ca. 4:30 die ersten Bahnen von den Endbahnhöfen Richtung Innenstadt ab, die letzten Züge verlassen das Stadtzentrum um ca. 0:30. An Wochenenden gibt es keinen besonderen Nachtverkehr, stattdessen fahren während der Betriebspause der Stadtbahn 10 Nachtbuslinien je drei Mal gleichzeitig vom Schlossplatz ab, ihr Streckenverlauf steht jedoch in keiner Beziehung zu den Stadtbahnlinien.

Alle Linien der Stuttgarter Stadtbahn verkehren an Wochentagen früh morgens bis ca. 6:00 alle 15 Minuten, dann tagsüber alle 10 Minuten und schließlich abends ab ca. 19:00 alle 15-20 Minuten. Auch samstags besteht zwischen 10 und 18 Uhr ein 10-Minuten-Takt, sonntags auf manchen Linien erst ab 13:00. Eine Ausnahme bildet die Linie U8, die alle 20 Minuten und zwar nur von Montag bis Freitag bis ca. 19:00 verkehrt (am Wochenende finden nur einzelne Fahrten früh morgens als U8 statt).

to 200 m higher. To the northeast, the Nesenbach valley is open towards the Neckar valley, but even on the eastern side of this river the terrain climbs up steadily. From many directions, splendid views of the city centre are offered, often enhanced by vineyards. For the city's traffic, this topographical situation represents a special challenge as significant changes in altitude have to be negotiated.

_ *Stuttgart's Public Transport Network*

The Stuttgart Stadtbahn system is operated by the 'Stuttgarter Straßenbahnen AG' (SSB) and comprises 12 lines, plus the special line U11, the rack railway and the funicular. The Stadtbahn runs mostly within the city boundaries, a mere 14.7 km out of a total of 116 km lying in the neighbouring municipalities. The Stadtbahn network is complemented by the S-Bahn system, which links the neighbouring counties of Ludwigsburg, Rems-Murr-Kreis, Esslingen and Böblingen to the capital city. Approximately 40 km of a total length of 177 km of the S-Bahn network lies within Stuttgart, where 19 S-Bahn stations are served by trains at least every 30 minutes.

The Stadtbahn and the S-Bahn, as well as all buses and regional railways, are integrated into the 'Verkehrs- und Tarifverbund Stuttgart' (VVS), a zonal fare system that covers the four above-mentioned counties and the city of Stuttgart. Fares depend on the number of zones travelled through. The city of Stuttgart comprises zone 10 (inner area) and 20 (outer area). For single trips (1 zone - €1.90, 2 zones - €2.35) a maximum of six zones is payable, even if a larger number of zones is travelled through (€6.30), while day passes are available for either two zones (€5.60) or the entire area (€11.50). At €65.00 for a monthly pass covering the whole city area, Stuttgart lies within the average of all the larger German cities as far as ticket prices go (all prices quoted refer to the year 2008).

The first Stadtbahn trains run from the outer termini towards the city centre at around 04:30, with last trains leaving the city centre at around 00:30. Although there is no special weekend night service, ten night bus lines, their routes not related to the daytime Stadtbahn lines, leave Schlossplatz simultaneously three times a night.

On weekdays, all Stadtbahn lines operate every 15 minutes before 06:00, then every 10 minutes during daytime service, and finally every 15-20 minutes after 19:00. On Saturdays, there is a 10-minute service on all lines from 10:00 to 18:00; on Sundays, some lines operate a 10-minute service only from 13:00. Line U8 is an exception: it only runs every 20 minutes until 19:00 from Monday to Friday (at weekends only a few journeys are labelled as U8).

_ Die Geschichte der Stuttgarter Straßenbahn

In den Jahren 1845/46 erreichte die Eisenbahn die Stadt Stuttgart, als die *Königlich Württembergische Staatseisenbahn* den Betrieb auf der Strecke Ludwigsburg – Stuttgart – Cannstatt – Plochingen aufnahm. Der ursprüngliche Stuttgarter Kopfbahnhof befand sich in der Bolzstraße, in unmittelbarer Nähe des Schlossplatzes. Für den innerstädtischen Verkehr war diese Bahnlinie damals jedoch von keiner Bedeutung.

Das heutige Stadtbahnnetz geht im Wesentlichen auf zwei Straßenbahnbetriebe zurück, nämlich die *Stuttgarter Straßenbahnen* (SSB) und die *Filderbahn*. Letztere ging so wie andere Betriebe in der Umgebung von Stuttgart allmählich in der SSB auf.

Die erste Pferdebahnstrecke, die sog. ‚Hauptlinie', wurde am 29. Juli 1868 von der *Stuttgarter Pferde-Eisenbahn-Gesellschaft* (SPE) zwischen Archiv (beim Charlottenplatz) und Berg (bei den Mineralbädern) eröffnet. Diese war wie die kurz darauf folgende ‚Stadtlinie' (eine Ringlinie durch die Innenstadt) normalspurig gebaut worden. Die ‚Stadtlinie' wurde schließlich 1887 bis Heslach verlängert. Dazu kam ein kurzer Abzweig vom Marienplatz zum ursprünglichen Zahnradbahnhof.

1886 begann der Betrieb auf der ersten meterspurigen Strecke der *Neuen Stuttgarter Straßenbahngesellschaft, Lipken und Cie.* (NSS). Sie führte vom Stadtzentrum zum Pragfriedhof.

Beide Pferdebahn-Betriebe wurden bereits am 27. Februar 1889 zu den ***Stuttgarter Straßenbahnen*** (SSB) fusioniert. Daraufhin wurde beschlossen, die bestehenden SPE-Strecken auf Meterspur umzubauen, was bis 1893 umgesetzt wurde. Wegen der starken Steigungen im Stuttgarter Pferdebahnnetz wurden früh Versuche mit anderen Antriebsarten wie Dampflokomotiven oder Daimler-Gasmotoren unternommen, die jedoch alle nicht zufriedenstellend verliefen. Der elektrische Probebetrieb der Firma AEG im Jahr 1892 auf der steilen Neubaustrecke vom Marienplatz entlang der Hohenstaufenstraße war überzeugender, so dass der Gemeinderat schließlich Ende 1893 die Erlaubnis zur Elektrifizierung der Pferdebahn gab. Die älteste Strecke vom Archiv nach Berg nahm 1895 als erste den elektrischen Betrieb auf, alle weiteren folgten bis 1897.

Nach der Elektrifizierung des alten Netzes konnte der Ausbau weitergehen. Es entstanden zahlreiche Linien, die fast das gesamte damalige Stadtgebiet abgedeckten. Neben den heute noch bestehenden Hauptachsen gab es vor Ausbruch des Ersten Weltkriegs ebenfalls Straßenbahnstrecken entlang der Rotebühlstraße über den Leipziger Platz zum ehemaligen

Museumswagen 222 vom Typ 5 (Baujahr 1904) nahe der ehemaligen Haltestelle Zahn-Nopper-Straße in Zuffenhausen am 27.10.12007.
Heritage tram car #222 of type 5 (built in 1904) near the former stop Zahn-Nopper-Straße in Zuffenhausen on 27 Oct 2007.

_ *The History of the Stuttgart Tramway*

The railway reached the city of Stuttgart in 1845/46, when the 'Königlich Württembergische Staatseisenbahn' opened its first line Ludwigsburg – Stuttgart – Cannstatt – Plochingen. The original terminal station in Stuttgart was located on Bolzstraße, very close to Schlossplatz. This railway line, however, was at that time of no relevance for inner-city transport.

The modern Stadtbahn system has emerged from two tramway companies, the 'Stuttgarter Straßenbahnen' (SSB) and the 'Filderbahn'; the latter was gradually absorbed by the SSB, as were several other companies in the region.

The first horse-powered tramway line, the so-called 'Hauptlinie' [main line], was opened by the 'Stuttgarter Pferde-Eisenbahn-Gesellschaft' (SPE) between Archiv (at Charlottenplatz) and Berg (near Mineralbäder) on 29 July 1868. Like the 'Stadtlinie' [city line], which was added shortly after as a circular route through the city centre, the 'Hauptlinie' was built to standard gauge. The 'Stadtlinie' was extended to Heslach in 1887, with a short branch diverging at Marienplatz to serve the original terminus of the rack railway.

In 1886, the 'Neue Stuttgarter Straßenbahngesellschaft, Lipken und Cie.' (NSS), started operation on the first metre-gauge line, which ran from the city centre to Pragfriedhof.

*The two horse-tram companies merged on 27 February 1889 and became the **'Stuttgarter Straßenbahnen'** (SSB). By 1893, the existing SPE routes had been regauged to metre gauge. Due to the steep gradients on the horse-tram routes, early experiments with other traction systems were carried out, such as steam locomotives and gas motors developed by Daimler; none of these tests, however, gave satisfactory results. A trial operation with electric traction carried out by AEG in 1892 on the steep, new route from Marienplatz along Hohenstaufenstraße was more convincing though, and the city council approved the electrification of the horse-tram network in late 1893. The first line to operate with electric traction was the old 'Hauptlinie' from Archiv to Berg in 1895, with the rest following by 1897.*

Once the electrification of the existing network had been completed, several new lines were built, so that the network covered the total area of what was then the city of Stuttgart. Besides the still existing main routes, tram routes had been built before World War I along Rotebühlstraße to the former Westbahnhof via Leipziger Platz; along Herdweg up to Doggenburg; from Türlenstraße up to Killesberg; along Rosenbergstraße and Schwabstraße; along Sillenburgstraße; plus several steep routes south of the 'Hauptlinie', e.g. along Heusteigstraße, Aspergstraße, Werfmershalde and Ostendstraße. Besides the 'Hauptlinie', all lines initially carried names like 'Rundbahn', 'Querbahn', 'Tiergartenlinie', 'Kanonenweglinie', 'Praglinie' or 'Schlachthoflinie', but in 1910 normal line numbers were introduced.

*Northeast of Stuttgart, the law did not allow the extension of the 'Hauptlinie' across the Neckar River into the then independent town of Cannstatt, and therefore, in 1898, a company called **'Cannstatter Straßenbahnen GmbH'** (CSB) was founded, in which the SSB was both strongly involved and provided the necessary rolling stock. The first route through the town centre was an extension of the oldest Stuttgart line and opened on 21 July 1899. A second line from the railway station across the Wilhelmsbrücke to the left bank of the Neckar River followed one year later. Although Cannstatt was annexed by Stuttgart in 1905, the CSB officially remained a separate company until 1919.*

Westbahnhof, entlang des Herdwegs hinauf zur Doggenburg, von der Türlenstraße zum Killesberg, entlang des Straßenzugs Rosenbergstraße/Schwabstraße genauso wie entlang der Silberburgstraße, sowie mehrere steigungsreiche Strecken südlich der Hauptlinie, z.B. entlang der Heusteigstraße, der Aspergstraße, Werfmershalde und Ostendstraße. Anfangs trugen die Straßenbahnlinien neben der ‚Hauptlinie' auch Namen wie ‚Rundbahn', ‚Querbahn', ‚Tiergartenlinie', ‚Kanonenweglinie', ‚Praglinie' oder ‚Schlachthoflinie', bis 1910 allgemein Liniennummern eingeführt wurden.

Im Nordosten war es rechtlich nicht möglich, die ‚Hauptlinie' über den Neckar ins benachbarte, damals noch eigenständige Cannstatt zu verlängern. Deshalb wurde 1898 unter Beteiligung der SSB die selbständige ***Cannstatter Straßenbahnen GmbH*** (CSB) gegründet, deren Betrieb allerdings stets mit SSB-Fahrzeugen durchgeführt wurde. Eine erste Strecke durch die Innenstadt wurde als Verlängerung der ältesten Stuttgarter Linie am 21. Juli 1899 eröffnet. Eine zweite Linie vom Bahnhof über die Wilhelmsbrücke auf das linke Neckarufer folgte ein Jahr später. Obwohl die Stadt Cannstatt bereits 1905 zu Stuttgart eingemeindet wurde, blieben die CSB bis 1919 auf dem Papier bestehen.

Die Gegend südlich von Stuttgart mit den heutigen Stadtteilen Vaihingen, Möhringen, Plieningen, Sillenbuch und Heumaden, sowie den Nachbarorten von Leinfelden im Westen über Echterdingen, Bernhausen, Neuhausen bis Ruit und Nellingen im Osten ist bekannt als Filderhochebene. Während sich das Stadtzentrum auf einer Höhe von etwa 250 m über N.N. befindet, liegen die Filderorte ca. 400-450 m über N.N. Aus diesem Höhenunterschied ergaben sich von jeher wesentliche Verkehrsprobleme, die mit der Eröffnung der Gäubahn 1879 von Stuttgart über Vaihingen Richtung Böblingen teilweise gelöst werden konnten. Da diese jedoch einen langen Umweg nehmen musste, um dann auch nur die westlichen Filder zu erreichen, wurde über weitere Möglichkeiten einer Bahnverbindung nachgedacht. 1884 wurde das Projekt für eine Zahnradbahn von Stuttgart nach Degerloch genehmigt und die ***Filderbahn-Gesellschaft*** (FBG) gegründet. Nach nur vier Monaten Bauzeit konnte die dampfbetriebene Zahnradbahn ihren Betrieb aufnehmen (► S. 110).

Nach dem unmittelbaren Erfolg der Zahnradbahn ging die FBG daran, auf der Hochebene verschiedene Adhäsionsbahnen zu planen. Nach langen Verhandlungen über die Finanzierung konnte wieder in sehr kurzer Bauzeit am 12. Dezember 1888 die Strecke von Degerloch (Zahnradbahnhof) über Möhringen nach Hohenheim eröffnet werden. Am 23. Dezember 1897 folgten zwei weitere Strecken der Filderbahn, nämlich die von Möhringen nach Vaihingen, wo Anschluss an die Staatsbahn bestand, sowie jene von Möhringen über Unteraichen und Echterdingen nach Neuhausen. Das meterspurige Filderbahnnetz hatte somit eine Streckenlänge von 26 km, dazu kamen noch die 1,93 km der ebenso meterspurigen Zahnradbahn. Die Gleise der Filderbahn wurden auch für den Gütertransport benutzt. 1902 wurde die Adhäsionsbahn von Degerloch nach Vaihingen elektrifiziert. Gleichzeitig wurde die Strecke von Möhringen nach Neuhausen auf Normalspur umgebaut und auf der Strecke zwischen Degerloch-West und Vaihingen eine dritte Schiene verlegt, so dass der Güterverkehr auf Normalspurgleisen abgewickelt werden konnte. Somit begann im Stuttgarter Raum der bis zum Jahr 2007 andauernde Mischbetrieb auf 3-Schienen-Gleisen.

1904 wurde die eingleisige *Neue-Weinsteige-Linie* von Degerloch bis Bopser in Betrieb genommen. Am Bopser konnte man zur städtischen Straßenbahn der SSB umsteigen, es bestand aber keine Gleisverbindung. Gleichzeitig wurde die Filderbahn ins Ortszentrum von Vaihingen verlängert und der elektrische Betrieb auch auf der Zahnradbahn aufgenommen.

Museumswagen 418 vom Typ 19.3 (Baujahr 1925) auf der im Dez. 2007 stillgelegten Strecke der Linie 15 an der Haltestelle Zahn-Nopper-Straße in Zuffenhausen am 27.10.2007.
Heritage tram car #418 of type 19.3 (built in 1925) on 28 Oct 2007 at Zahn-Nopper-Straße; this section of line 15 was permanently abandoned in December 2007.

*The area south of Stuttgart, which includes the present urban districts of Vaihingen, Möhringen, Plieningen, Sillenbuch and Heumaden, as well as the neighbouring towns from Leinfelden in the west, via Echterdingen, Bernhausen, Neuhausen to Ruit and Nellingen in the east, is known as the Filder plateau. Whereas the city centre lies approximately 250 m above sea level, the Filder plateau rises to 400-450 m above sea level. This difference in altitude has always caused transport problems, some of which were solved when the Gäubahn opened between Stuttgart and Böblingen via Vaihingen in 1879. But as this railway line had to make a long detour and only served the western parts of the Filder plateau, other options for a rail link were examined. In 1884, the construction of a rack railway between Stuttgart and Degerloch was approved, and the '**Filderbahn-Gesellschaft**' (FBG) was founded. The steam-powered rack railway was completed in only four months* *(► p. 110)**.*

The rack railway proved to be an immediate success, and the FBG started to plan connecting adhesion railways across the Filder plateau. After long negotiations over financing issues, followed by a very short period of construction, the route from the rack railway station at Degerloch to Möhringen and Hohenheim was brought into service on 12 Dec 1888. This initial line was followed by two more routes on 23 Dec 1897, namely the branch from Möhringen to Vaihingen, where interchange to the state railway was provided, and a branch from Möhringen via Unteraichen to Echterdingen and Neuhausen. The metre-gauge Filderbahn network had reached a total length of 26 km, with an additional 1.93 km for the metre-gauge rack railway. The Filderbahn tracks were shared by freight trains. The route between Degerloch and Vaihingen was electrified in 1902, and while the branch from Möhringen to Neuhausen was rebuilt to standard gauge, the section between Degerloch-West and Vaihingen was retrofitted with a third rail to enable freight traffic to be handled on standard-gauge tracks. This was the beginning of Stuttgart's tradition of 3-rail track operation, which continued right up to 2007.

In 1904, the single-track 'Neue-Weinsteige-Linie' between Degerloch and Bopser was opened. At Bopser, transfer was provided to the urban SSB tramways, although at this time there was no track link. At the same time, the Filderbahn was extended into the Vaihingen town centre, and the rack railway started electric operation. The route between

Die Strecke von Möhringen nach Hohenheim wurde 1906 einige hundert Meter weiter südlich neu trassiert und mit 3-Schienen-Gleis ausgestattet. Die Filderbahn-Gesellschaft war 1905 in der neuen *Aktiengesellschaft Württembergische Nebenbahnen* (WN), zu der auch die Strohgäubahn (Korntal – Weissach) gehörte, aufgegangen. Nach dem Ersten Weltkrieg geriet die WN in finanzielle Schwierigkeiten, so dass die Filderbahn 1920 größtenteils von der Stadt Stuttgart übernommen wurde. Lediglich die normalspurige Strecke von Echterdingen nach Neuhausen fiel an den Staat Württemberg, denn diese konnte an eine in Rohr von der Gäubahn abzweigende Neubaustrecke angeschlossen werden. Gleichzeitig entstand eine Verbindungsstrecke von Unteraichen zum Bahnhof Leinfelden. Im Sommer 1920 wurde schließlich eine Gleisverbindung zwischen der Filderbahn und dem SSB-Netz am Bopser hergestellt, so dass ein durchgehender Verkehr aufgenommen werden konnte. Der Betrieb auf der normalspurigen Strecke zwischen Möhringen und Leinfelden wurde 1922 eingestellt, jedoch 1927 auf einer neuen meterspurigen Trasse wieder aufgenommen. Gleichzeitig wurde bis 1928 eine neue Strecke ins Ortszentrum von Echterdingen errichtet. 1933 wurde die weniger erfolgreiche Strecke Leinfelden – Neuhausen von der Reichsbahn in das Eigentum der Stadt Stuttgart übertragen (und 1955 eingestellt), und die Filderbahnstrecken wurden mit 1. Januar 1934 endgültig Teil des SSB-Netzes, auch wenn den dort verkehrenden Linien erst 1955 Liniennummern (31 und 32) zugeordnet wurden.

Im Jahr 1908 wurde zum Anschluss der umliegenden Gemeinden die SSB-Tochtergesellschaft ***Stuttgarter Vorort-Straßenbahnen*** gegründet. So entstanden 1909 die nördlichen Strecken von der Stadtgrenze am Nordbahnhof über den Pragsattel nach Feuerbach sowie nach Zuffenhausen, die Tangentialstrecke von Feuerbach nach Cannstatt, und außerdem die Strecke von der Wilhelma nach Münster. 1910 folgten die südlichen Strecken von Gaisburg nach Wangen und Untertürkheim bzw. Hedelfingen. Wenig später kamen noch Vorortstrecken von Heslach nach Kaltental (1911), vom Vogelsang nach Botnang (1914), sowie von Hedelfingen nach Obertürkheim (1919) hinzu.

Während die städtischen Linien ab 1910 mit den Nummer 1-10 versehen wurden, waren für die Vorortlinien die Nummern 11-19 reserviert. Die Vorortlinien bedienten damals innerhalb Stuttgarts nicht alle Haltestellen. Nach und nach wurden die umliegenden Gemeinden eingemeindet und aus den dort verkehrenden Vorortbahnen wurden städtische Linien. Dennoch entstanden später noch weitere Vorortstrecken, nämlich 1925

SSB-Wagen Nr. 804 vom Typ T2 (29.5), Baujahr 1957.
SSB car #804 of type T2 (29.5) from 1957.

Filderbahn-Wagen 26 in WN-Farben, dahinter ESS-Wagen 7, beide von 1912, im ehemaligen Straßenbahnmuseum Zuffenhausen.
Filderbahn car #26 in WN livery, with ESS car #7 at the back, both from 1912, on exhibition in the former tramway museum at Zuffenhausen.

Möhringen and Hohenheim was re-aligned a few hundred metres further south and equipped with a 3-rail track. In 1905, the Filderbahn-Gesellschaft was absorbed by the new 'Aktiengesellschaft Württembergische Nebenbahnen' (WN), which also included the 'Strohgäubahn' (Korntal – Weissach). After World War I, the WN got into financial trouble, and in 1920 most of the Filderbahn routes were taken over by the city of Stuttgart. The exception was the standard-gauge line between Echterdingen and Neuhausen, which was handed over to the state of Württemberg and linked to a new mainline branch that had been built from Rohr to Leinfelden. At the same time, the Filderbahn opened a short link between Unteraichen and the new railway station at Leinfelden. In the summer of 1920, a direct track link was eventually established at Bopser between the Filderbahn and the SSB routes, enabling Filderbahn trains to run directly into the city centre. Passenger service on the standard-gauge Möhringen – Leinfelden section was discontinued in 1922, but it re-started in 1927 on an electrified metre-gauge line, which was extended on a new route into the Echterdingen town centre in 1928. In 1933, the less popular section between Leinfelden and Neuhausen was transferred from the Reichsbahn to the city of Stuttgart (passenger service ceased in 1955), and the Filderbahn routes were eventually integrated into the SSB network on 1 January 1934, although line numbers (31 and 32) were only introduced here in 1955.

*The SSB subsidiary **'Stuttgarter Vorort-Straßenbahnen'** was founded in 1908 with the object of building tramway routes to the neighbouring municipalities. In 1909, the northern suburban lines were subsequently opened from Nordbahnhof via Pragsattel to Feuerbach and to Zuffenhausen, as well as a tangential route between Feuerbach and Cannstatt, and a line from Wilhelma to Münster. In 1910, the southern suburban lines followed from Gaisburg via Wangen to Untertürkheim and Hedelfingen. Later, suburban lines were opened from Heslach to Kaltental (1911), from Vogelsang to Botnang (1914), and from Hedelfingen to Obertürkheim (1919).*

While the urban lines were identified by the numbers 1 to 10 from 1910 on, the suburban lines were assigned the numbers 11 to 19. The suburban lines initially did not serve all the stops within the city boundaries. As the neighbouring municipalities were annexed by the city of Stuttgart, the suburban lines became fully integrated with the urban tram lines. The routes from Kaltental to Vaihingen/Schillerplatz (1925), von Kaltental nach Vaihingen (Schillerplatz), 1928 von Vaihingen nach Rohr, 1929 von Cannstatt nach Fellbach, sowie 1930 von Geroksruhe bis Sillenbuch. 1933 wurde schließlich die Unterscheidung zwischen Stadt- und Vorortlinien aufgegeben, so dass z.B. die Linie 14 im Jahr 1935 bereits als normale SSB-Linie von Münster nach Mühlhausen verlängert wurde.

Eine SSB-Vorortstraßenbahn von Feuerbach über Weilimdorf nach Gerlingen war bereits 1914 genehmigt worden, jedoch kam es u.a. wegen des 1. Weltkriegs zu keiner Umsetzung dieses Projekts. Da man sich in den Nachkriegsjahren nicht mit der SSB einigen konnte, begann die Stadt Feuerbach im Januar 1926, die Überlandstrecke nach Gerlingen in Eigenregie zu bauen. Bereits am 30. Dezember 1926 nahm die ***Städtische Straßenbahn Feuerbach*** (SSF) den Betrieb zwischen Feuerbach und Gerlingen (9,3 km) auf. Erst 1929 wurde das Netz der SSF mit dem der SSB verbunden. Nach Eingemeindung der Stadt Feuerbach 1933 ging die SSF 1934 an die SSB über und ihre Strecke wurde an den SSB-Standard angepasst.

Zusammen mit der SSF und der Filderbahn hatte das SSB-Netz 1934 eine Gesamtstreckenlänge von 140 km erreicht.

Nach dem Zweiten Weltkrieg wurde das SSB-Straßenbahnnetz noch mehrmals erweitert, nämlich 1950 von Zuffenhausen (Wimpfener Straße) nach Stammheim, 1954 von Zuffenhausen nach Rot (Bahnhof Zazenhausen), 1967 von Sillenbuch nach Heumaden, sowie 1970 von Rot bis Freiberg. Letzterer Abschnitt wurde bereits in Hinblick auf die zukünftige U-Bahn bzw. Stadtbahn für breitere Fahrzeuge trassiert.

1929 für die SSB gebauter Wagen TW 259, später als TW 15 der SSF für das Museum rekonstruiert.
This car was built in 1929 for the SSB (TW 259), but later reconstructed for the museum as SSF car #15.

from Vaihingen to Rohr (1928), from Cannstatt to Fellbach (1929) as well as from Geroksruhe to Sillenbuch (1930) were still opened as suburban lines, but in 1933 the distinction between urban and suburban lines was finally abolished. Thus in 1935, line 14 was extended from Münster to Mühlhausen as a normal tram line.

*An SSB suburban line from Feuerbach via Weilimdorf to Gerlingen had been approved back in 1914, but its construction was not realised, among other reasons, due to World War I. In the post-war years, no agreement was possible between the SSB and the municipalities in question, so the town of Feuerbach began in January 1926 to build its own interurban line. The '**Städtische Straßenbahn Feuerbach**' (SSF) opened its 9.3 km route to Gerlingen on 30 Dec 1926. From 1929, transfer between SSB and SSF lines was possible. Feuerbach was annexed by Stuttgart in 1933, and a year later the SSF was integrated into the SSB and its lines were adapted to the SSB standard.*

With the absorption of the SSF and Filderbahn routes, the SSB network had reached a total length of 140 km by 1934.

After World War II, the SSB tram network still saw several extensions: in 1950 from Zuffenhausen (Wimpfener Straße) to Stammheim; in 1954 from Zuffenhausen to Rot (Zazenhausen railway station); in 1967 from Sillenbuch to Heumaden; and in 1970 from Rot to Freiberg. The alignment of the latter section was prepared from the beginning to accommodate wider rolling stock in the future.

Neben den bereits beschriebenen Straßenbahnbetrieben gab es im Raum Stuttgart noch die ***Esslinger Städtische Straßenbahn*** (ESS) und die ***Straßenbahn Esslingen–Nellingen–Denkendorf*** (END), deren Strecken jedoch nichts mit den heutigen Stadtbahnstrecken zu tun hatten.

Die ESS betrieb von 1912 bis 1944 eine 7,2 km lange Linie zwischen Obertürkheim und Oberesslingen, deren Verlauf weitgehend dem der heutigen Obuslinie 101 (► S. 136) entsprach. Der zweiten Linie, die als Ringlinie die Esslinger Innenstadt erschloss, war kein Erfolg gegönnt, und so wurde diese nach nur dreijähriger Betriebszeit im Jahr 1915 wieder eingestellt. Zwischen 1919 und 1939 fuhren die ESS-Bahnen im Gemeinschaftsverkehr mit den SSB-Zügen von Oberesslingen durch bis ins Stuttgarter Stadtzentrum. Die ESS-Straßenbahn wurde schließlich 1944 auf Obusbetrieb umgestellt.

Die END nahm 1926 den Betrieb von Esslingen über Nellingen bis Denkendorf auf. Zwischen Esslingen und Nellingen war dabei ein Höhenunterschied von 130 m zu überwinden. 1929 wurde die erste Strecke um einen Abzweig von Nellingen über Scharnhausen nach Neuhausen erweitert, womit das END-Netz eine Gesamtlänge von 11,6 km erreichte. Nachdem das Fahrgastaufkommen in den sechziger und siebziger Jahren stetig zurückgegangen war und die Kosten für eine Streckenmodernisierung zu hoch schienen, wurde die END schließlich 1978 stillgelegt. Auf dem steilen Abschnitt bis zum Zollberg fährt seit 1990 die Obuslinie 118. Nellingen wurde 22 Jahre später von Stuttgart aus durch die neue U7 wieder per Bahn angeschlossen.

END-Wagen Nr. 4, Baujahr 1926
END car #4, built in 1926

*Besides the tramway companies described above, there were two more tramway operators in the Stuttgart region, although their routes were not directly related to the present Stadtbahn network: the '**Esslinger Städtische Straßenbahn**' (ESS) and the '**Straßenbahn Esslingen–Nellingen–Denkendorf**' (END).*

From 1912 to 1944, the ESS operated a 7.2 km line between Obertürkheim and Oberesslingen, the route roughly coinciding with today's trolleybus line 101 (► p. 136). A second line, which provided a circular route around the Esslingen town centre, was less successful, and was therefore abandoned in 1915 after only three years of operation. Between 1919 and 1939, the ESS and SSB operated jointly, so trams from Oberesslingen were able to run directly through to the Stuttgart city centre. In 1944, the ESS tram line was replaced by a trolleybus service.

The END began operating on the route from Esslingen to Denkendorf via Nellingen in 1926. Between Esslingen and Nellingen, a difference in altitude of 130 m had to be negotiated. In 1929, the initial line was complemented with a branch from Nellingen via Scharnhausen to Neuhausen, bringing the total length of the END network to 11.6 km. As passenger figures gradually decreased during the 1960s and 1970s, and as the modernisation of the routes was considered too costly, the END finally ceased operation in 1978. The steep section from Esslingen to Zollberg has been served by trolleybus line 118 since 1990. Nellingen was only served by rail again 22 years later, when line U7 reached that area via a new route from Stuttgart.

_ Von der Straßenbahn zur Stadtbahn

Mitte der fünfziger Jahre, als der Wirtschaftsaufschwung seine erste Blütezeit erlebte, nahm der Autoverkehr immer mehr zu. Gleichzeitig sanken die Fahrgastzahlen bei der Straßenbahn, welche außerdem auf ihren traditionellen Trassen vom Individualverkehr mehr und mehr behindert wurde. Deshalb beauftragte die Stadt bereits 1957 die Professoren Lambert und Feuchtinger, ein Gesamtverkehrskonzept zu erarbeiten. Die 1959 vorgelegte Empfehlung sah ein U-Straßenbahn-Netz als Ergänzung zum geplanten S-Bahn-Netz vor, verbunden mit wesentlichen Straßenausbauten bis in die Innenstadt, was aus heutiger Sicht vielleicht nicht die ideale Lösung war. So wurde die bereits seit 1868, anfangs als Pferdebahn verkehrende ‚Hauptlinie', sprich die Linie 1, entlang des Straßenzugs Neckarstraße/Konrad-Adenauer-Straße/Hauptstätter Straße unter die Erde verlegt und somit beschleunigt, jedoch wurde gleichzeitig die Bundesstraße 14 mehrspurig ausgebaut und stellt seither eine starke Trennlinie zwischen den einzelnen Stadtteilen dar. Als Ausgleich wurden jedoch viele Straßen in der Innenstadt in Fußgängerzonen umgewandelt. Das von Professor Lambert seinerzeit vorgeschlagene Innenstadtnetz sah die Beibehaltung einer ebenerdigen Trasse in der unteren Königstraße und über den Schlossplatz vor, über den Charlottenplatz Richtung Olgaeck sogar eine Hochtrasse. Es enthielt außerdem einen U-Strab-Ast vom Hauptbahnhof über die Kriegsbergstraße und Holzgartenstraße zur Liederhalle, der aber bereits 1964 aus den Planungen verschwand, sowie einen Tunnel unter der Rotebühlstraße, der als Gemeinschaftsbauwerk mit der S-Bahn errichtet werden sollte. Direkt über dem heutigen S-Bahnhof Stadtmitte sollte auch die Straßenbahn unterirdisch halten. Ca. 1967 verzichtete man auf diese Parallelführung und baute stattdessen an der S-Bahn-Stammstrecke den zusätzlichen Bahnhof Feuersee. Die Straßenbahnstrecke zum Westbahnhof wurde 1973 mit Beginn der S-Bahn-Bauarbeiten aus der Rotebühlstraße herausgenommen und bis zu ihrer Einstellung 1978 über die Gutenbergstraße umgeleitet.

_ *From Tramway to Stadtbahn*

During the mid-1950s, when Germany's economy was booming, motorised traffic was increasing sharply. At the same time, ridership figures on the tramways were decreasing, while the tram vehicles were being obstructed on their traditional routes more and more by the rising number of cars. In 1957, the city council therefore asked Professor Lambert and Professor Feuchtinger to come up with a master plan for traffic in Stuttgart. Their recommendations, issued in 1959, included a network of underground tram routes that was to complement the planned S-Bahn network, as well as the construction of several high-capacity roads leading into the city centre, which from today's point-of-view was probably not an ideal solution. As a result, the original 'Hauptlinie', which had begun to operate back in 1868 as a horse-tram line and later became line 1, was put underground along Neckarstraße, Konrad-Adenauer-Straße and Hauptstätter Straße, thus increasing its travel speed, but at the same time the B14 road was widened, and has since been a strong dividing line between different parts of the city. Within the city centre, however, many streets were converted to form a large pedestrianised area. Professor Lambert's initial proposal included a surface tram alignment along the lower Königstraße and across Schlossplatz, with an elevated route across Charlottenplatz for the route towards Olgaeck. He also suggested an underground tram route from the railway station via Kriegsbergstraße and Holzgartenstraße to Liederhalle, which had disappeared from the project in as early as 1964, as well as a tunnel along Rotebühlstraße, to be built jointly with the S-Bahn tunnel. On top of the present S-Bahn station Stadtmitte, an underground stop for the tram was then planned. Around 1967, this parallel route was finally discarded, and instead an additional station called Feuersee was inserted on the S-Bahn route. The tramway line to Westbahnhof was withdrawn from Rotebühlstraße in 1973, when the construction of the S-Bahn tunnel began, and rerouted along Gutenbergstraße until its permanent closure in 1978.

Der Bau einer **U-Straßenbahn** wurde am 20. April 1961 vom Stuttgarter Gemeinderat beschlossen. Die Bauarbeiten begannen im Juli 1962 am Charlottenplatz, wo sich zwei unterirdische Strecken kreuzen sollten. Dieses Bauwerk wurde zusammen mit einem vierspurigen Autotunnel ausgeführt. Vier Jahre später, am 10. Mai 1966, wurde mit der Ebene -2 (Tallängslinie) die erste U-Strab-Strecke Deutschlands in Betrieb genommen. Die Ebene -1 (Talquerlinie) folgte ein Jahr danach am 17. Mai 1967. Die durchgehend niedrigen Bahnsteige waren von Anfang an mit 90 m Länge konzipiert. Es lagen zwar nur Meterspurgleise, jedoch war der Gleistrog breit genug, um später Normalspurgleise und 2,65 m breite Fahrzeuge aufzunehmen.

Der folgende Bauabschnitt vom Charlottenplatz zum Marienplatz entlang der Hauptstätter Straße (2,5 km), der im Sommer 1967 in Angriff genommen wurde, enthielt einen unterirdischen Abzweig zum Wilhelmsbau (Rotebühlplatz). Anders als in Köln, wo zur selben Zeit die ersten U-Strab-Strecken errichtet wurden, entschloss man sich in Stuttgart für ein völlig kreuzungsfreies Gleisdreieck, auch wenn dabei Radien von nur 65 m in Kauf genommen werden mussten. Die Verzweigungsstation Rathaus wurde dreigleisig ausgeführt. Als 1968 auch der Bau am nördlichen Anschlusstunnel zwischen Charlottenplatz und Neckartor begann, stand in anderen deutschen Städten wie München, Frankfurt oder Nürnberg der Begriff ‚U-Bahn' hoch im Kurs. Nicht zuletzt ermuntert durch das GVFG (Gemeindeverkehrsfinanzierungsgesetz), das erhebliche Mittel aus der Mineralölsteuer für den Bau von Tunnelstrecken in Aussicht stellte, beschloss die Stadt Stuttgart am 24. März 1969 statt einer U-Straßenbahn den Bau einer richtigen **U-Bahn**, d.h. mit völlig kreuzungsfreien Trassen auch auf den Außenstrecken. An den Planungen der Innenstadtstrecken änderte sich dadurch wenig, nur dass nun eine Bahnsteiglänge von 115 m vorgesehen war und das Tunnelprofil den späteren Einsatz von 2,90 m breiten Fahrzeugen erlauben sollte (durch Verlegung der Fluchtwege in die Tunnelmitte könnten auch in den älteren Tunneln so breite Wagen eingesetzt werden). Die teils engen Kurvenradien blieben auch bei der das Stadtzentrum in Nord-Süd-Richtung querenden Strecke bestehen, auch wenn deren Bau erst 1971 begann. Die Netzkonzeption unterschied fortan zwei Hauptachsen mit jeweils mehreren Außenstrecken, sowie mehreren ergänzenden Strecken:

1) Tallängslinie: entlang der Achse der alten ‚Hauptlinie' von Bad Cannstatt/Mühlhausen nach Vaihingen;

1a) Abzweige von der Tallängslinie von Staatsgalerie Richtung Botnang, und von Rathaus Richtung Berliner Platz;

*The construction of an **underground tram network** was approved by the city council on 20 April 1961. Work began at Charlottenplatz in July 1962, where two routes were to intersect. The station complex was built together with a 4-lane road tunnel. Four years later, on 10 May 1966, the station on level -2 (valley lines) was opened as part of the first underground tram route in Germany. It was followed the next year by level -1 for the cross-valley lines, on 17 May 1967. The continuously low platforms had a length of 90 m from the beginning. Although only metre-gauge tracks were laid, the trackbed was made wide enough for the use of 2.65 m rolling stock in the future.*

The following tunnel section along Hauptstätter Straße from Charlottenplatz to Marienplatz (2.5 km), whose construction was started in the summer of 1967, included an underground junction for a branch towards Wilhelmsbau (Rotebühlplatz). Unlike in Cologne, where the first tram tunnels were also under construction at this time, Stuttgart decided to build a totally grade-separated junction, though allowing radii of only 65 m. Rathaus station was laid out with three tracks. By the time construction on the northern tunnel between Charlottenplatz and Neckartor began in 1968, the term 'U-Bahn' had become very fashionable all around Germany, and Munich, Frankfurt and Nuremberg were all building such systems. Encouraged by the GVFB (Municipal Act for Transport Funding), which provided a significant financial base for the construction of tunnel sections from revenue obtained from a special oil tax, the city council decided on 24 March 1969 to build a full-scale 'U-Bahn' [metro] instead of an underground tram network, i.e. the outer area sections were to be built on totally grade-separated routes, too. This decision hardly influenced the planning of the city centre routes, although the standard platform length was now fixed at 115 m and the tunnel profile was to allow the use of 2.90 m wide rolling stock (by moving the escape walkways to the middle of the tunnel, even older tunnels would be able to accommodate this type of car). The very tight curves on the north-south route, whose construction only began in 1971, were maintained. The planned network then comprised two trunk routes with branches on the outer sections, as well as several complimentary lines:

1) Valley Line: along the route of the old 'Hauptlinie' from Bad Cannstatt/Mühlhausen to Vaihingen;

1a) Branches off the Valley Line from Staatsgalerie towards Botnang, and from Rathaus towards Berliner Platz;

① **Berliner Platz (Hohe Straße)** - Mischbetrieb, mit Stadtbahnlinie 14 bis 1989 ohne ‚U' | *mixed service, with Stadtbahn line 14 still without the 'U' prefix prior to 1989* (Foto © Matthias Frey)
② **Staatsgalerie** > **Charlottenplatz** - provisorische Rampe am Staatstheater wenige Tage nach der Inbetriebnahme im Mai 1966 | *temporary ramp next to the Staatstheater in May 1966, a few days after its opening* (Foto © Gerhard Wandel)
③ **Charlottenplatz** (-2) - ältester U-Strab-Halt Deutschlands im Mai 1966 | *oldest underground tram stop in Germany, in May 1966* (Foto © Gerhard Wandel)

②

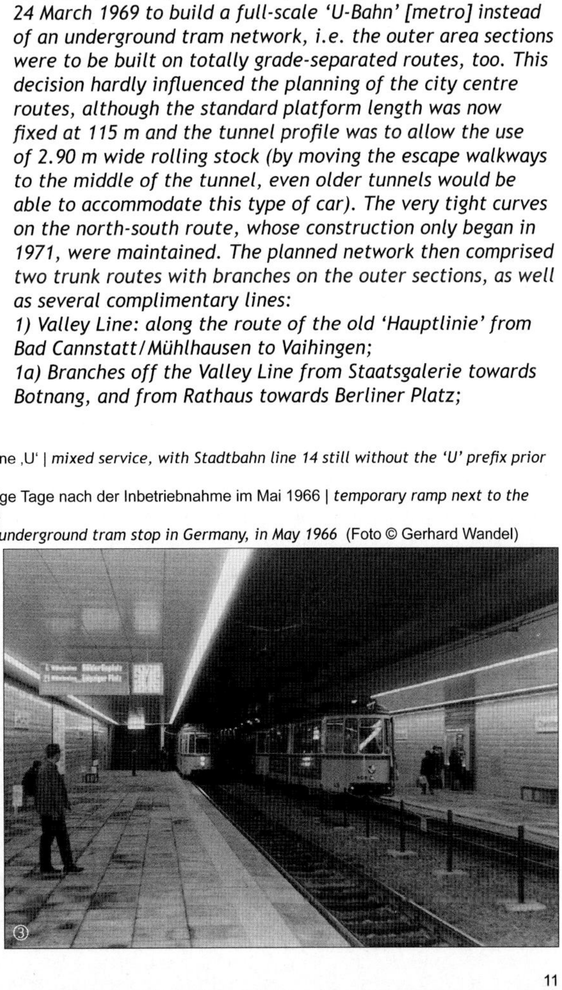
③

① **Bad Cannstatt Wilhelmsplatz** - in den Anfangsjahren des Stadtbahnbetriebs | *in the early days of Stadtbahn operation* (Foto © Matthias Frey).
② **Hedelfingen** - die Linie 13 lässt die Fahrgäste rechts am provisorischen Seitenbahnsteig aussteigen, wendet dann hinter der Station in einer Schleife und lässt die Fahrgäste Richtung Feuerbach vom Mittelbahnsteig einsteigen. | *line 13 uses the temporary side platform on the right for alighting, and after reversing in a terminal loop beyond the station, it accepts passengers from the island platform* (Foto © Matthias Frey).
③ **Mineralbäder** - 1977 anlässlich der Bundesgartenschau umgebaute Station | *station refurbished in 1977 for the German Garden Show* (Foto © Matthias Frey).
④ **Vaihingen Bahnhof** - Endpunkt von drei Stadtbahnlinien im Südwesten Stuttgarts, mit Umsteigemöglichkeit zur S-Bahn - *terminus in the southwest of Stuttgart for three Stadtbahn lines, with interchange to the S-Bahn.*

2) Talquerlinie: Nord-Süd-Strecke von Feuerbach/Zuffenhausen nach Möhringen, Leinfelden und Sillenbuch;
3) Tangentiallinie: Feuerbach – Bad Cannstatt;
4) Tangentiallinie Filderquerbahn: Vaihingen – Plieningen.
Bereits zu Zeiten der U-Strab-Planungen war klar geworden, dass man sich auf die wichtigsten Strecken konzentrieren musste, was bedeutete, dass mehrere weniger gut frequentierte bzw. den Autoverkehr besonders störende Straßenbahnlinien stillgelegt werden mussten. So verschwand
- 1962 die Strecke der ehem. Linie 3 in der Silberburgstraße;
- 1969 die Verbindung zwischen Bopser und Wilhelmsplatz;
- 1969 die Tangentialstrecke von Hallschlag zum Schlachthof;
- 1972 die Straßenbahn aus der Schwabstraße, zwischen Schreiberstraße und Hegelplatz;
- 1972 die Strecke in der Werfmershalde;
- 1976 die Linie 10 mit ihren beiden Ästen zum Killesberg und zur Doggenburg;
- 1978 die Strecke der ehemaligen Linie 8 zwischen Ostendplatz und Heidehofstraße über Gablenberg;
- 1978 die Strecke über Leipziger Platz zum Westbahnhof.

In den siebziger Jahren ging der Tunnelbau in der Innenstadt neben dem Bau der unterirdischen S-Bahn-Strecke weiter, jedoch wurde bald klar, dass eine richtige U-Bahn kaum finanzierbar und vielleicht auch nicht wirklich sinnvoll sei. Deshalb sprach man ab 1975 lieber von der ‚**Stadtbahn**' als Zwischenform zwischen U-Bahn und Straßenbahn, unterirdisch bzw. völlig vom übrigen Verkehr getrennt, wo dies unbedingt notwendig war, sonst weitgehend auf eigenem Bahnkörper mit Vorrangschaltung an Bahnübergängen. Zur Stadtbahn umgebaute Strecken sollten normalspurig sein und mit 2,65 m breiten Hochflurfahrzeugen befahren werden. Das Lichtraumprofil der Tunnelstrecken sollte aber dennoch einen späteren Ausbau für 2,90 m breite

2) Cross-Valley Line: north-south route from Feuerbach/ Zuffenhausen to Möhringen, Leinfelden and Sillenbuch;
3) Tangential Line: Feuerbach – Bad Cannstatt;
4) Tangential Line 'Filderquerbahn': Vaihingen – Plieningen.
It had already become clear in the planning stage of the underground tram network that only the busiest routes would survive, and that less frequented routes, or those that particularly interferred with road traffic, would have to be abandoned. Among these routes were:
- *in 1962, the former line 3 along Silberburgstraße;*
- *in 1969, the link between Bopser and Wilhelmsplatz;*
- *in 1969, the tangential route Hallschlag – Schlachthof;*
- *in 1972, the tram route along Schwabstraße, between Schreiberstraße and Hegelplatz;*
- *in 1972, the route along Werfmershalde;*
- *in 1976, line 10 with legs to Killesberg and Doggenburg;*
- *in 1978, the former line 8 between Ostendplatz and Heidehofstraße via Gablenburg;*
- *in 1978, the route to Westbahnhof via Leipziger Platz.*

During the 1970s, U-Bahn tunnel construction continued in the city centre while an S-Bahn tunnel was also being built. But it soon became evident that a real 'U-Bahn' was not fundable, and probably not even a wise idea. From 1975, the denomination 'Stadtbahn' [urban railway] was therefore increasingly used, the term denoting a hybrid between a metro and a tramway system: with tunnels or totally grade-separated routes where this is absolutely necessary, and elsewhere on a separate right-of-way but with level crossings and priority at traffic lights. The Stadtbahn routes were designed for 2.65 m wide high-floor rolling stock, which was to run on standard-gauge tracks. The tunnel profile was to allow the future use of 2.90 m wide trains, like those in Munich.

④

Fahrzeuge wie in München erlauben. Vorübergehend sollte ein Mischbetrieb mit Stadtbahn- und Straßenbahnfahrzeugen möglich sein, was einerseits das Verlegen eines 3-Schienen-Gleises, andererseits sowohl Hoch- als auch Niedrigbahnsteige erforderte. Das Stadtbahnkonzept wurde schließlich am 10. Juni 1976 vom Gemeinderat formell beschlossen. Etwa 30 Jahre später, im Dezember 2007 ging diese Form des Mischbetriebs mit Inbetriebnahme der U15 als neueste Stadtbahnlinie zu Ende.

Das Stadtbahnnetz von 1976 unterschied nun neben den Tallängs- und Talquerlinien die Diagonallinien als eigene Gruppe, auch wenn sich diese im Stadtzentrum teilweise mit den Tallängslinien überlappen.

Ab 1977 begann der Ausbau der oberirdischen Strecken für den Stadtbahnbetrieb. Dazu musste der Gleismittenabstand für den Einsatz der breiteren Fahrzeuge vergrößert und für das Normalspurgleis eine dritte Schiene neben die linke Schiene verlegt werden. Der Bau von Hochbahnsteigen wurde erst nach und nach angegangen, da die ersten Stadtbahnfahrzeuge ohnehin mit Klapptrittstufen ausgestattet waren. 1985 wurde mit der Linie 3 der Stadtbahnbetrieb offiziell aufgenommen.

Nach dem kontinuierlichen Ausbau aller bestehenden Strecken (mit Ausnahme der Linie 15 von Zuffenhausen nach Stammheim, die erst ab 2010 als Stadtbahn verkehren wird) und dem Neubau einzelner Außenstrecken (z.B. nach Remseck, Ostfildern, Neugereut) hat das Stuttgarter Stadtbahnnetz im Dezember 2007 eine Gesamtlänge von 116 km, wovon etwa 21 km unterirdisch verlaufen, und etwa 8,5 km weiterhin im Mischverkehr mit dem Individualverkehr, d.h. straßenbündig, verkehren, wenn auch teilweise nur in einer Fahrtrichtung. Somit hat Stuttgart das geschafft, was sich in den siebziger Jahren viele andere westdeutsche Städte mit vergleichbarer Größe auch vorgenommen hatten: Hannover, Bielefeld, Dortmund, Bochum, Essen, Duisburg, Düsseldorf, Köln, Bonn oder Frankfurt. In vielen dieser Städte wurde nur ein Teil der damaligen Projekte umgesetzt, in anderen hat man später entschieden, manche Strecken statt auf Hochflur- auf Niederflurstadtbahn umzubauen.

For a transitional period, Stadtbahn trains were to operate on the same routes as the conventional tram vehicles, which required 3-rail tracks as well as platforms with high and low-floor sections. These basic planning parameters were finally approved by the city council on 10 June 1976. Some 30 years later, in Dec 2007, this form of mixed traffic came to an end when the last tram route, line 15, was converted to Stadtbahn operation.

Besides the valley and cross-valley lines, the 1976 Stadtbahn network considered the diagonal lines as a separate group, even though they overlap with the valley lines in the city centre.

In 1977, the upgrading of the surface routes for Stadtbahn operation began. This included the widening of the gap between the tracks for the use of larger rolling stock, as well as the laying of an additional third rail next to the left one. The construction of high platforms was not that urgent, as the first new trains were equipped with folding steps anyway. In 1985, line 3 was officially opened as the first Stadtbahn line.

After the gradual upgrading of all the former tramway routes to Stadtbahn operation (with the exception of line 15 to Stammheim, which will have been converted by 2010), and the construction of several new routes (e.g. to Remseck, Ostfildern and Neugereut), the Stuttgart Stadtbahn network has a total length of 116 km (Dec 2007), with approximately 21 km running underground, and some 8.5 km embedded in the roadway, i.e. sharing lanes with car traffic, although along certain sections in one direction only. Stuttgart has thus achieved what many other Western German cities of a similar size planned in the 1970s: Hanover, Bielefeld, Dortmund, Bochum, Essen, Duisburg, Düsseldorf, Cologne, Bonn and Frankfurt. Many of these cities have only realised fragments of their once-planned networks, and others have later decided to convert certain routes to low-floor Stadtbahn operation instead of the initially envisaged high-floor system.

Mineralbäder > Mercedesstraße - im Park über dem Schwanenplatz-Straßentunnel trifft die Linie U14 auf die anderen Tallängslinien.
- line U14 joins the other valley lines in the park that extends above the Schwanenplatz road tunnel.

Die Gruppe der Tallängslinien verläuft durch das Stadtzentrum in Nordost-Südwest-Richtung, vom Neckartal kommend das Nesenbachtal hinauf, auch wenn von letzterem Bach heute nicht mehr viel zu erkennen ist. Zwischen Stöckach und Rathaus verschwimmt die Unterscheidung zwischen Tallängs- und Diagonallinien, da die U14 gemeinsam mit der U9 die Strecke über Hauptbahnhof und Friedrichsbau befährt, die U4 hingegen wie die U2 über Rotebühlplatz und Rathaus verkehrt.

Die unterirdischen Abschnitte entlang der Tallängslinien beschränken sich im Wesentlichen auf die Innenstadt. Dazu gehört der erste 750 m lange U-Strab-Tunnel Deutschlands, der am 15. Mai 1966 am Charlottenplatz eröffnet wurde. Die ersten fünf bzw. sechs Jahre kamen die Straßenbahnen über provisorische Rampen (▶ S. 11) wieder an die Oberfläche, bis am 7. September 1971 der Anschlusstunnel Richtung Marienplatz und am 9. Mai 1972 Richtung Neckartor vollendet wurde. Fast alle Tunnelstrecken wurden in offener Bauweise errichtet, lediglich für die eingleisige Röhre am Gleisdreieck Torstraße für die Fahrtbeziehung Rotebühlplatz – Rathaus wurde aufgrund der großen Tieflage auf 70 m Länge unter dem Nesenbach und zur Unterfahrung der übrigen Tunnel der Messerschildvortrieb angewandt.

Nachdem man die erste unterirdische Station am Charlottenplatz noch mit *nur* 90 m langen Bahnsteigen (damals noch 10 cm hoch) gebaut hatte, war inzwischen die Idee einer langfristig zu errichtenden Voll-U-Bahn so weit gereift, dass die Bahnsteige der Stationen von 1971/72 bereits 115 m Länge aufweisen. Ebenso wurden die beiden Abzweige, anders als in Köln, völlig kreuzungsfrei, wenn auch mit engen Radien

The valley lines run through the city centre in a northeast/ southwest direction, from the Neckar River up the valley of the Nesenbach, a small river now hardly visible. Between Stöckach and Rathaus, the valley lines overlap with the diagonal lines, as line U14 runs via Hauptbahnhof and Friedrichsbau together with line U9, whereas line U4 shares the U2 route via Rotebühlplatz and Rathaus.

Most of the tunnel sections on the valley lines can be found in the city centre. These include the 750 m tunnel at Charlottenplatz, which opened on 15 May 1966 as the first tram tunnel in Germany. The trams returned to the surface via ramps for the first 5-6 years (▶ p. 11), until connecting tunnels were completed on 7 Sept 1971 towards Marienplatz, and on 9 May 1972 towards Neckartor. Most of the underground sections were built by cut-and-cover, the only exception being a 70 m single-track deep-level tube between Rotebühlplatz and Rathaus, which was built with a manual shield. This section is part of the Torstraße triangular junction, and runs below all the other tunnels as well as the Nesenbach River.

The first underground station at Charlottenplatz was built with platforms just 90 m long (and at that time only 10 cm high), but the 1971/72 stations were built with 115 m long platforms as the construction of a full-scale metro had meanwhile been approved. Unlike in Cologne, the junctions were built totally grade-separated, although with very tight curves. Until 1976, the trams left the tunnel between Staatsgalerie and Hauptbahnhof, and until as late as 1983, between Rathaus/Österreichischer Platz and Rotebühlplatz (ramp ausgeführt. Zwischen Staatsgalerie und Hauptbahnhof kamen die Straßenbahnen bis 1976 auf einer Rampe wieder aus dem Tunnel, zwischen Rathaus/Österreichischer Platz und Rotebühlplatz sogar bis 1983 (Rampe Wilhelmsbau). Ursprünglich sollten beide Äste, der über Friedrichsbau und der über Rotebühlplatz, mindestens bis über den Berliner Platz hinaus unterirdisch verlaufen, ersterer eventuell sogar bis Vogelsang im Tunnel führen, während der zweite im Bereich Rosenbergstraße unterirdisch enden sollte. Heute kreuzen sich beide Strecken am Berliner Platz oberirdisch, wodurch allerdings erst die Verflechtung der Tallängs- mit den Diagonallinien möglich ist.

Auf den Außenstrecken entstand später nur für die Linie U2 ein 1,1 km langer Tunnel in bergmännischer Bauweise zur Unterfahrung des Hauptfriedhofs auf der Neubaustrecke nach Neugereut von 2005.

Während die Linien U1 und U14 bereits 1986 auf Stadtbahnbetrieb umgestellt worden waren, ließ die U2 bis 2002 auf sich warten, was vor allem an der schwierigen Trassierung auf eigenem Gleiskörper lag. Schließlich entschied man sich zu einem Kompromiss, der kürzere straßenbündige Abschnitte sowohl Richtung Hölderlinplatz als auch in Bad Cannstatt gestattete. Auch auf dem seit 1986 mit Stadtbahnfahrzeugen befahrenen Abschnitt zwischen Schreiberstraße und Südheimer Platz fahren die U1 und U14 bis heute auf etwa 900 m im Straßenverkehr mit.

Die oberirdischen Strecken der Tallängslinien gehen größtenteils auf ehemalige Straßenbahnstrecken zurück, lediglich in Fellbach wurde eine völlig neue Trasse gebaut. Die Abschnitte Mühlhausen – Remseck (U14) und Obere Ziegelei – Neugereut (U2) wurden durch die Stadtbahn erstmals mit einem Schienenverkehrsmittel erschlossen.

Wegen des langen Mischbetriebs mit Straßenbahn- und Stadtbahnfahrzeugen konnten die oberirdischen Bahnsteige zwischen Stöckach und Mercedesstraße erst nach Umstellung der Linie 2 auf Stadtbahnbetrieb auf 80 m verlängert werden, so dass nun die Sonderlinie U11 mit Langzügen verkehren kann. Die U11 verkehrt nur bei Großveranstaltungen auf dem Cannstatter Wasen, im Gottlieb-Daimler-Stadion, in der Schleyer-Halle oder in der Porsche-Arena.

Auf den Linien U1, U2 und U14 verkehren nur Einzelwagen mit einer Länge von 38 m, da viele der oberirdischen Haltestellen nicht für Doppeltraktionen ausgebaut sind. Wegen der günstigen Anordnung der Türen reicht theoretisch eine Bahnsteiglänge von knapp 30 m aus. Nach dem Bau von Hochbahnsteigen in Fellbach (Lutherkirche) im Jahr 2007 und am Schillerplatz in Vaihingen im Jahr 2008 verfügen entlang der Tallängslinien nun alle Stationen über einen stufenlosen Einstieg.

Derzeit gibt es keine konkreten Verlängerungspläne für die Tallängslinien.

Rathaus

Wilhelmsbau). Initially, both branches, that via Friedrichsbau and that via Rotebühlplatz, were to be extended underground beyond Berliner Platz, the first possibly even as far as Vogelsang, whereas the latter was to terminate underground in the Rosenbergstraße area. At present, the two routes intersect on the surface and thus allow the interlaced line arrangement between valley lines and diagonal lines.

On the outer sections, only a 1.1 km tunnel was later built on line U2, using the NATM, to take the Stadtbahn under a cemetery on the 2005 route to Neugereut.

While lines U1 and U14 began operating as Stadtbahn lines in 1986, line U2 was only converted in 2002, mainly due to the fact that it was impossible to build a separate right-of-way along the entire route. Eventually, a compromise was approved which included short street-running sections on the route to Hölderlinplatz, as well as through Bad Cannstatt. On the section between Schreiberstraße and Südheimer Platz, which has been operated with Stadtbahn vehicles since 1986, lines U1 and U14 share the roadway for approximately 900 m.

Most of the surface routes that are now used by the valley lines are older, upgraded tram routes, except in Fellbach, where a new alignment was chosen for the Stadtbahn. The sections Mühlhausen – Remseck (U14) and Obere Ziegelei – Neugereut (U2) were specifically built for the Stadtbahn and had not been served by trams before.

Due to the long period of mixed operation with tram and Stadtbahn vehicles, the surface platforms between Stöckach and Mercedesstraße were only able to be extended to 80 m once line 2 had been converted to Stadtbahn operation. The long platforms were necessary for line U11, as they enabled the use of 4-car trains during special events on Cannstatter Wasen, at the Gottlieb-Daimler Stadium, at the Schleyer-Halle and the Porsche Arena.

Lines U1, U2 and U14 can only be operated with 2-car trainsets (38 m), as many surface stops are not long enough to accommodate 4-car trains. Because of the convenient location of the train doors, a platform length of 30 m is enough for a 2-car train. With the completion of high-level platforms at Fellbach Lutherkirche in 2007 and at Vaihingen Schillerplatz in 2008, all the stations along the valley lines now provide full accessibility.

At present, there are no plans to extend the valley lines.

Staatsgalerie - Mittelbahnsteig stadtauswärts; links unbenutzter Niedrigbahnsteigabschnitt stadteinwärts.
- outbound island platform; on the left, unused low-level platform section on the inbound side.

Österreichischer Platz (2006)

U1 Vaihingen – Fellbach

Die Linie U1 nahm am 19. April 1986 den Betrieb als Stadtbahn auf. Ihre Streckenführung als Linie 1 findet man bereits auf den Netzplänen des Jahres 1929, als eine durchgehende Linie von Fellbach über Vaihingen bis Rohr eingerichtet wurde.

Der nördliche Abschnitt der U1 geht auf die erste Stuttgarter Pferdestraßenbahn zurück, welche 1868 vom Charlottenplatz zu den Mineralbädern im Stadtteil Berg eröffnet wurde (so genannte ‚Hauptlinie'). Diese Strecke wurde bereits 1895 durch die AEG elektrifiziert und 1897 bis zur damaligen Stadtgrenze an der König-Karls-Brücke verlängert. Ab 1899 überquerte die elektrische Straßenbahn den Neckar und fuhr ins bis 1905 selbständige Cannstatt weiter. Bereits seit 1887 war die Pferdebahn auch vom Stadtzentrum nach Heslach gefahren, ab 1896 dann die elektrische Straßenbahn.

Als Teil der *Stuttgarter Vorort-Straßenbahnen* wurde die Strecke 1911 von Heslach (Südheimer Platz) bis Kaltental verlängert, erst 1925 erreichte sie Vaihingen und schließlich 1928 Rohr. Im Nordosten verkehrten die Straßenbahnen ab 1929 von Cannstatt ins benachbarte Fellbach.

Ab 10. Mai 1966 fuhr die Linie 1 durch den ersten U-Strab-Tunnel Stuttgarts, nämlich den 750 m langen Abschnitt mit der unterirdischen Station am Charlottenplatz. Dieser Tunnel wurde am 7. Sept. 1971 im Süden bis zur Rampe Böblinger Straße

Line U1 started as a Stadtbahn line on 19 April 1986, although its route roughly corresponds to line 1 as established back in 1929, when a through service was first introduced between Fellbach and Vaihingen, and further south to Rohr.

The northern section of line U1 goes back to Stuttgart's first horse tramway line, which opened in 1868 between Charlottenplatz and Mineralbäder in the district of Berg, the so-called 'Hauptlinie'. This line was electrified by the AEG in as early as 1897 up to the former city border at König-Karls-Brücke, the bridge across the Neckar River. From 1899, electric tramways crossed the river to continue into the neighbouring Cannstatt, until 1905 an independent town. In 1887, the horse-drawn tramways began riding from the city centre to Heslach, where electric tramways took over in 1896.

As part of the 'Stuttgarter Vorort-Straßenbahnen', the initial route was extended from Heslach (Südheimer Platz) to Kaltental in 1911, then in 1925 to Vaihingen, and finally in 1928 to Rohr. At the northeastern end, the trams went from Cannstatt to Fellbach from 1929 on.

On 10 May 1966, line 1 started to use Stuttgart's first tramway tunnel, a 750 m section that included the underground station at Charlottenplatz. This tunnel was extended southwards to the ramp on Böblinger Straße, south of

U1
17,3 km (ca. 3,6 km unterird. | *underground*)
31 Haltestellen | *Stops* (6 unterird. | *underground*)

Beginn des Stadtbahnbetriebs | *Start of Stadtbahn operation*

19-04-1986 Vaihingen – Charlottenplatz – Fellbach

südlich des U-Bahnhofs Marienplatz und am 9. Mai 1972 im Norden bis zur Rampe Stöckach verlängert. Zwischen 1985 und 1988 wurden alle Bahnsteige in den unterirdischen Stationen in mehreren Phasen erhöht, bei Umstellung auf Stadtbahnbetrieb im April 1986 standen 40 m lange Hochbahnabschnitte in den U-Bahnhöfen Marienplatz, Österreichischer Platz und Rathaus zur Verfügung.

Für den Stadtbahnbetrieb wurde die Strecke Vaihingen – Rohr stillgelegt, da ein Parallelbetrieb zur 1985 in Betrieb genommenen S-Bahn unerwünscht war. Zwischen Vaihingen Schillerplatz und Vaihingen Bahnhof wurde die Strecke in der Herrenberger Straße neu trassiert und die frühere Schleife über Hauptstraße – Robert-Koch-Straße – Vollmoellerstraße – Bahnhof – Herrenberger Straße aufgegeben, ebenso die größere Schleife bis zur Krehlstraße/Feuersee, die von der Linie 14 in der Hauptverkehrszeit als Endschleife benutzt worden war.

Im Bereich Schillerplatz – Fauststraße und bei der Ortsdurchfahrt Kaltental wurden die Gleise auf einen eigenen Bahnkörper gelegt. Am östlichen Ende in Fellbach wurde die Strecke zwischen Esslinger Straße und Fellbach Lutherkirche umgeleitet. Früher fuhr die Straßenbahn in der Stuttgarter Straße weiter bis zum Stuttgarter Platz, bog dann rechts in die Bahnhofsstraße ab und erreichte ihre Endhaltestelle ebenfalls an der Lutherkirche; auf dem Rückweg ging es über die Cannstatter Straße zum Stuttgarter Platz.

Die Linie U1 verkehrt heute fast durchgehend auf eigenem Gleiskörper, nur in der Böblinger Straße im Bereich Bihlplatz verbleibt ein etwa 900 m langer straßenbündiger Abschnitt. Nach dem Umbau der Endhaltestelle Fellbach Lutherkirche im Jahr 2007 sowie dem in naher Zukunft geplanten Neubau der Haltestelle Vaihingen Schillerplatz wird es auch auf der U1 keine Haltestellen ohne Hochbahnsteige mehr geben.

Vaihingen Bahnhof

Fellbach Lutherkirche

Marienplatz station, on 7 Sept 1971, and northwards to the ramp at Stöckach on 9 May 1972. Between 1985 and 1988, the platforms in the underground stations were raised in various stages; when Stadtbahn operation started in April 1986, a 40 m high section was available at Marienplatz, Österreichischer Platz and Rathaus.

The section between Vaihingen and Rohr was not incorporated into the Stadtbahn scheme as it ran parallel to an S-Bahn section opened in 1985. Between Vaihingen Schillerplatz and Vaihingen Bahnhof, the route was re-aligned along Herrenberger Straße, and both the former loop along Hauptstraße – Robert-Koch-Straße – Vollmoellerstraße – railway station – Herrenberger Straße, as well as the larger loop that reached Krehlstraße/Feuersee, which was used by line 14 during peak hours, were abandoned.

Between Schillerplatz and Faustraße, and on the section through Kaltental, the tracks were re-aligned on a separate right-of-way. In Fellbach, line 1 was diverted between Esslinger Straße and Lutherkirche; the trams used to continue along Stuttgarter Straße, then turn right into Bahnhofstraße at Stuttgarter Platz before reaching the terminus at Lutherkirche – on the way back, they went along Cannstatter Straße to Stuttgarter Platz.

At present, line U1 operates on a separate right-of-way, except for a 900 m section around Bihlplatz on Böblinger Straße, where the tracks are embedded in the roadway. After the completion of the high platforms at Fellbach Lutherkirche in 2007, and the planned reconstruction of the Vaihingen Schillerstraße stop in the near future, there will be no more stops on line U1 without high platforms.

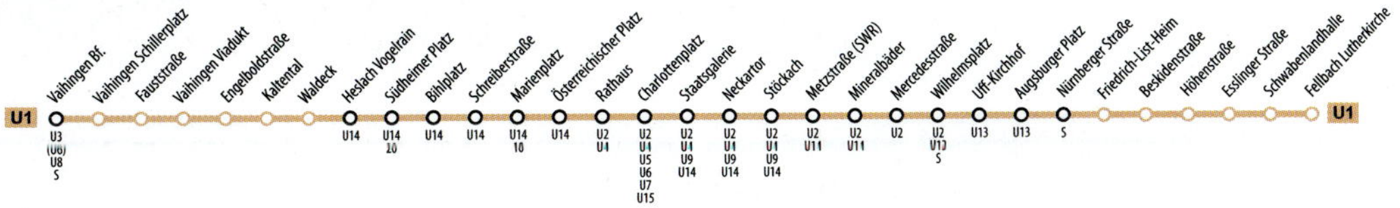

①-③ **Vaihingen Schillerplatz** - heutige Station ohne Bahnsteige, Ende 2007 die letzte auf der U1 und eine von wenigen im gesamten Netz. In Bild ③ befindet sich die Stadtbahn an der Stelle der geplanten Haltestelle mit Hochbahnsteig, an der Nordseite der Kreuzung (Haupt-/Möhringer Landstraße+Herrenberger-/Rottweiler Straße), wo die U1 auf 440 m über N.N. ihren höchsten Punkt erreicht, anschließend geht es bergab bis auf 220 m Richtung Stadtzentrum und Neckartal.

- present station without platforms in late 2007, the last on line U1 and one of only a few on the entire network. Photo ③ shows a train at the northern side of the road junction, the location of the planned new station with high platforms. At 440 m above sea level, this intersection (Haupt-/Möhringer Landstraße+Herrenberger-/Rottweiler Straße) is the highest point on line U1; from here, the line descends to 220 m in the city centre and the Neckar valley.

④ **Fauststraße** - Standardhaltestelle mit Fußgängerbrücke über die Rottweiler Straße. Das Gefälle Richtung Stadtzentrum ist am abgestuften Bahnsteigdach zu erkennen.
- standard stop, with a footbridge across Rottweiler Straße. The gradient at which the station lies is evident from the tiered platform roof.
⑤ **Vaihingen Viadukt** - hoch über der Stadtbahn kreuzt die Trasse der S-Bahn bzw. der Gäubahn; die Eisenbahnbrücke wird flankiert von zwei Straßenbrücken.
- high above the Stadtbahn, the S-Bahn and Gäubahn route crosses the valley on a viaduct, which is flanked by two road bridges.
⑥ **Vaihingen Viadukt** > **Engelboldstraße** - Blick von der Straßenbrücke über die Stadtbahntrasse Richtung Nordosten (Kaltental).
- view from the road bridge over the Stadtbahn route, looking towards the northeast (Kaltental).

① **Kaltental** - Stadtbahn Richtung Vaihingen überquert eine Straßenkreuzung direkt östlich der Station.
- train to Vaihingen at the road junction just east of the stop.

② **Südheimer Platz (Seilbahn)** - bis vor wenigen Jahren überspannte eine Straßenbrücke den Platz, die Pfeiler wurden in die Neugestaltung einbezogen. Die Talstation der Standseilbahn (► S. 114) befindet sich etwa 100 m stadtauswärts.
- until recently, a road bridge spanned over the square; its pillars have been incorporated in the redesigned public space. The funicular (► p. 114) departs some 100 m further south in the direction of Vogelrain.

③ **Südheimer Platz** > **Bihlplatz** - etwa auf halbem Weg zwischen diesen beiden Haltestellen beginnt der straßenbündige Abschnitt, der bis zur Haltestelle Schreiberstraße führt.
- the on-street section, which continues down to the Schreiberstraße stop, starts about halfway between these two stops.

④ **Bihlplatz** - wegen der beengten Straßenverhältnisse liegt der stadtauswärtige Bahnsteig fast 130 m westlich des stadteinwärtigen, der sich direkt am gleichnamigen Platz befindet (► S. 38).
- due to the narrow street, the outbound platform lies some 130 m from the inbound one, which is located right at the square of the same name (► p. 38).

⑤ **Schreiberstraße** - Mittelbahnsteig von 1998, vorher musste man stadteinwärts direkt von der Straßenfahrbahn einsteigen.
- island platform from 1998, prior to that, boarding in the inbound direction took place from street level.

①

①② **Marienplatz** - von der Oberfläche gibt es heute nur einen einzigen Treppenzugang, nachdem die Fußgängerunterführung, die an den Zugang zum U-Bahnhof angeschlossen war und insgesamt vier Ausgänge beiderseits der Tübinger Straße hatte, 2002 geschlossen wurde. Etwa gleichzeitig wurden die Aufzüge eingebaut und die Talstation der Zahnradbahn umgebaut (► S. 112). Für den Bau der Station musste der unterirdische Nesenbach in ein neues Bett verlegt werden. Über dem U-Bahnhof, etwa in Platzmitte, befindet sich ein unterirdischer Bunker aus dem Zweiten Weltkrieg. Die Ausfahrt Richtung Österreichischer Platz erfolgt in einer Kurve mit nur 55 m Radius.

- from the surface there is now only one access to the mezzanine, the underpass that had four exits on either side of Tübinger Straße having been closed in 2002. At the same time, the lifts were added and the adjacent rack railway station rebuilt (► p. 112). To build this station, the subterranean Nesenbach River had to be diverted. Above the station, approximately in the middle of the square, there is an air raid shelter from World War II. Leaving the station towards Österreichischer Platz, trains have to negotiate a tight curve with a radius of just 55 m.

②

③④ **Österreichischer Platz** - die in Deckelbauweise errichtete Verzweigungsstation wurde anders als Rathaus und Staatsgalerie nur zweigleisig gebaut. Die von der U14 befahrenen Gleise Richtung Rotebühlplatz zweigen kurz nach der Station niveaufrei ab, wobei das Gleis der U1 Richtung Vaihingen über die U14 geführt wird. Über der Bahnsteigebene befindet sich eine unterirdische Parkgarage mit 80 Stellplätzen. Drei Eingänge sind in die moderne Bebauung integriert. Die Zwischengeschosse an beiden Enden dienen gleichzeitig als Unterführung unter der breiten Hauptstätter Straße ③.

- built using the 'top-down method', but unlike Rathaus and Staatsgalerie, which also function as junctions, this station only has two tracks; the U14 tracks towards Rotebühlplatz diverge shortly after leaving the station in a grade-separated junction, with the U1 track to Vaihingen being taken across the U14 tracks. On top of the station, there is an underground car park for 80 cars. Three of the station entrances are integrated into modern buildings. The mezzanines located at either end of the station serve as underpasses below the wide Hauptstätter Straße ③.

③

④

① **Österreichischer Platz** - nordöstliches Zwischengeschoss | *northeastern mezzanine.*
② **Österreichischer Platz** - seit Herbst 2007 mit dem Namenszusatz ‚WGV-Versicherungen' und kurzzeitig ohne das rote Farbband direkt unter der Decke (▶ S. 16).
- since autumn 2007 with the appendage 'WGV-Versicherungen', and for a short period without the red ribbon just below the ceiling (▶ p. 16).

③-⑤ **Rathaus** - als Verzweigungsstation hat dieser U-Bahnhof drei Bahnsteigkanten. Das Gleis von Rotebühlplatz taucht unter allen anderen dieses Gleisdreiecks hindurch und erreicht erst am nordöstlichen Ende der Station die Höhe der anderen Gleise, weshalb die von der U2 und U4 benutzte Bahnsteigseite des Mittelbahnsteigs sichtbar geneigt ist. Ursprünglich lag neben diesem Gleis rechts noch ein Niedrigbahnsteig für die Straßenbahnen mit eigenem Treppenzugang. Mit Umstellung der Linie 2 auf Stadtbahnbetrieb im Jahr 2002 konnte dieser Bahnsteig entfallen. Das Gleis 3 wurde an die Außenwand verlegt und der Mittelbahnsteig verbreitert. Gleichzeitig wurde auch am Mittelbahnsteig ein Aufzug eingebaut und der von allen Linien benutzte Seitenbahnsteig Richtung Südwesten auf voller Länge angehoben. Dieser Bahnsteig war bereits seit 2000 direkt von der Oberfläche mit einem Aufzug erreichbar.
- this station was built with three platform edges; the track from Rotebühlplatz burrows under all the other tracks in this triangular junction, and reaches the level of the other tracks at the northeastern end of the station. The side of the island platform that is used by lines U2 and U4 therefore shows a significant gradient. Initially, there was a low side platform with a separate access for the trams, but when line 2 was converted to Stadtbahn operation in 2002, track 3 was moved to the side wall and the island platform was widened. At the same time, a lift was added to the island platform, and the southbound side platform that is used by all the lines was raised along its full length. This platform had been equipped with a lift back in 2000.

①

②

③

①-⑤ **Charlottenplatz** - die 1966 eröffnete Station der Tallängslinien liegt auf der Ebene -2. Die Bahnsteige waren von Anfang an 90 m lang, hatten jedoch ursprünglich nur eine Höhe von 10 cm. 1988 wurde ein Teil des Bahnsteigs angehoben, der Rest folgte erst 2004, nachdem auch die U2 auf Stadtbahn umgestellt worden war. Vom Design von 1966 (► S. 11) sind die ungewöhnlichen Wandfliesen erhalten.
Um aus Richtung Rathaus zu den Zügen Richtung Degerloch/Ostfildern umzusteigen, müssen die Fahrgäste erst auf den Bahnsteig Richtung Schlossplatz und dann unter den Gleisen der Talquerlinien hindurch.

- the station which opened in 1966 for the valley lines lies on level -2. The platforms have had a length of 90 m since the beginning, but initially they were only 10 cm high. They were raised along half their lengths in 1988, with the rest following in 2004, once line U2 had started Stadtbahn operation, too. The peculiar wall tiling from 1966 (► p. 11) has been preserved.
To transfer from the valley lines (direction Staatsgalerie) to the cross-valley lines (direction Degerloch/Ostfildern), passengers have to go to the platform towards Schlossplatz and then pass under the cross-valley tracks to reach their departure platform.

④

⑤

①

②

①-⑤ **Staatsgalerie** - dieser U-Bahnhof, der als ‚Schillerstraße' geplant wurde, ist von der Konzeption der Bahnsteiganordnung der Station Rathaus ähnlich und sollte ursprünglich auch dementsprechend umgebaut werden. Da aber seit vielen Jahren klar war, dass im Falle der Ausführung der Projekts ‚Stuttgart 21' (Umbau des Hauptbahnhofs) diese Station ohnehin neu gebaut werden müsste, wurden die Bahnsteige nur provisorisch für die U11 umgebaut. Seit Juli 2007 ist nun gewiss, dass dieser U-Bahnhof völlig neu errichtet werden muss, nämlich über dem Fernbahntunnel in einfacher Tiefenlage, nach oben teilweise offen, und etwas nach Norden verschoben. Der Eingang wird in unmittelbarer Nähe zum zukünftigen Südeingang des Hauptbahnhofs liegen. Derzeit ist das Zwischengeschoss vom Schlosspark aus ebenerdig und von der Ostseite der Willy-Brandt-Straße über eine spiralförmige Rampe zugänglich.

- this station was originally planned as 'Schillerstraße'. It has a similar layout to that at Rathaus, and was also meant to be rebuilt accordingly. For many years, however, it was not clear whether the entire station would be relocated in conjunction with the 'Stuttgart 21' project (the reconstruction of the central railway station), so the platforms were only raised in a makeshift way for line U11. A final decision about the station's future was taken in July 2007: the new station will be relocated slightly towards the north to lie on level -1 above the new mainline tunnel, and will be partly open. The entrance to the Stadtbahn station will be close to the southern entrance to the new railway station. At present, the mezzanine is accessible stepfree from the Schlosspark, and also via a helical ramp from the eastern side of Willy-Brandt-Straße.

③

④

⑤

①

②

③

①-④ **Neckartor** - wie am U-Bahnhof Staatsgalerie ist hier ein Großteil des Bahnsteigbereichs vom Zwischengeschoss, welches von der Oberfläche auch über zwei spiralenförmige Rampen zugänglich ist, einsehbar. Die Wände, die am Nachbarbahnhof nur an wenigen Stellen rot verkleidet sind, zieren hier grüne Emailplatten mit künstlerischen Einlagen.
Die Niedrigbahnsteigabschnitte bleiben heute ungenutzt, und die Züge halten jeweils in Fahrtrichtung vorne; die Treppenanlage liegt mittig.
- like at Staatsgalerie, the platform level can be overlooked from the mezzanine, which is also accessible from the surface via two helical ramps. Unlike at Staatsgalerie, the walls are clad in bright green enamelled panels enhanced with artwork. The low-platform sections are now unused, and trains stop at the front end of their respective platforms; the exits are located in the middle.

⑤ **Stöckach** > **Neckartor** - nördliche Tunnelrampe direkt an der Haltestelle Stöckach, zwischen Rampe und Bahnsteigen befindet sich bereits der erste Fußgängerübergang.
- northern tunnel ramp next to the Stöckach stop; the first pedestrian level crossing is located between the ramp and the platforms.

④

⑤

① **Stöckach** - in Vorbereitung auf die Fußball-WM 2006 wurden die oberirdischen Bahnsteige von Stöckach bis Mercedesstraße für 77 m lange Züge der U11 verlängert.
- in preparation for the FIFA World Cup 2006, the surface platforms from Stöckach to Mercedesstraße were lengthened to enable the use of 77 m trains on line U11.

② **Metzstraße** > **Mineralbäder** - im Bereich der Mineralbäder (im Hintergrund rechts das Mineralbad Berg) fährt die Stadtbahn durch einen Park, der teilweise über einem Autotunnel angelegt wurde.
- around the Mineralbäder stop (in the background the Berg Spa), the Stadtbahn runs through a park that was built over a road tunnel.

③ **Mineralbäder** - 2006 umgebaut für Langzüge, ein Seitenbahnsteig von 1990 ist links im Bild noch erkennbar, die Türen der Einzelwagen öffnen hier auf beiden Seiten (▶ S. 12).
- rebuilt for long trains in 2006, one of the 1990 side platforms is still visible on the left: 2-car trains open their doors on both sides (▶ p. 12).

④ **Mineralbäder** > **Mercedesstraße** - Blick Richtung König-Karls-Brücke, links die Gleisverbindung Richtung Wilhelma, die von zusätzlichen Stadionlinien benutzt wurde.
- view towards König-Karls-Brücke, on the left is the track link towards Wilhelma, which was used by special services to the stadium.

⑤ **Mercedesstraße** - die Haltestelle liegt direkt auf der Neckarbrücke; auffällig die ungewöhnlichen Dächer und die Zugänge von einer großflächigen Unterführung unter der Straßenkreuzung; die Haltestelle dient als wichtiger Zugang zum Cannstatter Wasen.
- this stop is located on the bridge across the Neckar River and has individually designed platform roofs; it is accessible via a large underpass that runs under a road junction. The stop also serves to access the festival grounds of the Cannstatter Wasen.

①

②

③

④

① **Wilhelmsplatz** - die zentrale Haltestelle in Bad Cannstatt wurde 2001/2002, als die Linie 2 auf Stadtbahnbetrieb umgestellt wurde, umgebaut und großzügig überdacht. Die Brücke im Hintergrund, die eine Verbindung zur S-Bahn (links) sowie zur U13 (rechts) herstellt, stammt aus früheren Jahrzehnten (▶ S. 12).
- the central stop in Bad Cannstatt was rebuilt and covered with a large glass roof in 2001/2002 when line 2 was converted for Stadtbahn operation; the footbridge in the background which leads to the S-Bahn (left) and to line U13 (right) has been there for several decades (▶ p. 12).

② **Augsburger Platz** - während die Bahnsteige der U1 sogar an beiden Enden durch Unterführungen zugänglich sind, hält die U13 auch 2008 noch an Niedrigbahnsteigen (rechts).
- while the U1 platforms are accessible at both ends via underpasses, the stop for line U13 at present (2008) still lacks high platforms.

③ **Augsburger Platz** > **Nürnberger Straße** - direkt über der Stadtbahntrasse halten die S-Bahn-Linien S2 und S3, die Haltestelle der U1 befindet sich derzeit östlich davon. Diese soll in Zukunft direkt unter der S-Bahn neu errichtet werden, wobei die Bahnsteige durch direkte Aufzüge verbunden werden. Die neue Haltestelle soll die beiden heutigen Augsburger Platz und Nürnberger Straße ersetzen.
- S-Bahn lines S2 and S3 stop directly above the Stadtbahn route, but the U1 stop is at the eastern side of the railway. There are plans to build a new stop directly below the S-Bahn with direct lifts linking the two rail systems. The new station might replace the present Augsburger Platz and Nürnberger Platz stops.

④ **Höhenstraße** - erster Halt außerhalb Stuttgarts im Stadtgebiet von Fellbach. Am westlichen Bahnsteigende befindet sich eine Fußgängerunterführung, sonst entspricht die Haltestelle dem Standardtyp der oberirdischen Stationen.
- first stop outside Stuttgart on Fellbach territory. A pedestrian underpass is located at the western end of the platforms, which otherwise boast a standard design.

① **Höhenstraße** > **Esslinger Straße** - bevor die Stadtbahn die Stuttgarter Straße verlässt, tauchen die Fahrspuren für den Durchgangsverkehr in einen Tunnel ab, so dass die Stadtbahn vor Erreichen der Haltestelle Esslinger Straße nur den lokalen Verkehr kreuzen muss.
- before the Stadtbahn leaves Stuttgarter Straße, the lanes for through traffic dive into a road tunnel, so at the road junction the Stadtbahn only meets local traffic before reaching the Esslinger Straße stop.
② **Schwabenlandhalle** - der Bahnsteig Richtung Lutherkirche ist mit dem Bürgersteig verschmolzen, jedoch durch ein Geländer räumlich abgetrennt.
- the platform towards Lutherkirche is level with the pavement, but visually separated from it by railings.
③ **Schwabenlandhalle** > **Esslinger Straße** - die Stadtbahn fährt am Stadtrand von Fellbach nach Süden und erreicht das Stadtzentrum nun von Westen her, während die Straßenbahn früher vom Norden zur Lutherkirche kam.
- the Stadtbahn reaches the Fellbach town centre from the western side via a new route, whereas the tramways used to arrive at Lutherkirche from the north.
④⑤ **Fellbach Lutherkirche** - als vorletzter Halt an der U1 bekam die Endstation erst im September 2007 40 m lange Hochbahnsteige, die sich harmonisch in die Umgebung einfügen (► S. 17). Jetzt fehlen solche nur noch an der Haltestelle Vaihingen Schillerplatz.
- the 40 m long high-level platforms at the U1 terminus, which are well-integrated into the urban landscape, were finally completed in Sept 2007 (► p. 17), leaving just Vaihingen Schillerplatz without high platforms.

Russische Kirche

U2 Hölderlinplatz – Neugereut

Die Linie U2 wurde erst im Jahr 2002 auf Stadtbahnbetrieb umgestellt, nämlich am 22. Juni zwischen Berliner Platz und Hauptfriedhof, wobei der Abschnitt zwischen Obere Ziegelei und Hauptfriedhof an diesem Tag als Neubaustrecke eröffnet wurde, und am 14. Dezember zwischen Berliner Platz und Hölderlinplatz. In der Zeit zwischen Juni und Dezember fuhr die U2 eine Schleife im Uhrzeigersinn um das Stadtzentrum, wodurch der Umbau der Gleisanlagen und des Mittelbahnsteigs am U-Bahnhof Rathaus möglich wurde. Die späte Umstellung dieser Linie als letzte der Tallängs- und Diagonallinien war wohl darin begründet, dass es unmöglich schien, auf manchen Abschnitten einen eigenen Gleiskörper anzulegen. Wie bei der U15 war deshalb der Fortbestand der Linie 2 ungewiss, bis 1999 der Ausbau bei gleichzeitiger Verlängerung bis Neugereut beschlossen wurde.

Zwischen Berliner Platz und Bad Cannstatt Wilhelmsplatz teilt sich die U2 die Gleise mit anderen Linien, die allesamt viel früher auf Stadtbahnbetrieb umgestellt wurden (U1 und U14 – 1986; U9 – 1989; U4 – 1994). Für die Linie 2 musste deshalb an den gemeinsamen Haltestellen bis 2002 ein niedriger Bahnsteigabschnitt bereitgehalten werden, außerdem war für den Einsatz der meterspurigen GT4-Züge ein 3-Schienen-Gleis nötig.

Der 1,4 km lange südliche Ast vom Berliner Platz zum Hölderlinplatz, der seit 1912 in Betrieb ist, wurde jahrzehntelang von der Linie 4 bedient, erst seit 1986 fuhr die Linie 2 zum Hölderlinplatz. Vor Umbau der Strecke wendeten die Straßenbahnen dort in einer Blockumfahrung Hegelstraße – Hölderlin-

Line U2 only started Stadtbahn operation in 2002. On 22 June, it began running between Berliner Platz and Hauptfriedhof, with the section Obere Ziegelei – Hauptfriedhof being brought into service the same day as a totally new route. The southern section between Berliner Platz and Hölderlinplatz followed on 14 December. Between June and December, line U2 operated in a clockwise loop around the city centre, thus enabling the reconstruction of the tracks and the island platform at Rathaus. The late upgrading of this line, as the last among the valley and diagonal lines, was due to the impossibility of creating a separate right-of-way along certain sections. Like line U15, line 2's future had long been in question, but a decision was finally taken in 1999 to upgrade and extend it to Neugereut.

Between Berliner Platz and Bad Cannstatt Wilhelmsplatz, line U2 shares tracks with other lines, all of which had started Stadtbahn operation much earlier (U1 and U14 in 1986; U9 in 1989; U4 in 1994). During the mixed operation, low-level platform sections had to be available at the shared stations, and 3-rail tracks were needed for the GT4 tram vehicles.

U2
11,3 km (ca. 4,1 km unterird. | *underground*)
22 Haltestellen | *Stops* (5 unterird. | *underground*)

Beginn des Stadtbahnbetriebs | *Start of Stadtbahn operation*

22-02-2002 Berliner Platz – Hauptfriedhof
14-12-2002 Berliner Platz – Hölderlinplatz
16-06-2005 Hauptfriedhof – Neugereut

Neckartor

The 1.4 km southern leg from Berliner Platz to Hölderlinplatz, which opened in 1912, was served by line 4 for many decades; line 2 has only been running here since 1986. Before the upgrading to Stadtbahn standard, the trams used a single-track loop via Hegelstraße, Hölderlinstraße and Kornbergstraße. The stop at Russische Kirche was relocated approximately 60 m further west, and the intermediate tram stop Falkertstraße, which had been served in one direction only, was removed. Due to the narrow streets, the Stadtbahn tracks had to be embedded in the roadway along some sections.

The 2.1 km northern leg of line U2 from Wilhelmsplatz to Obere Ziegelei has been served by trams since 1911, and until 1978 it was the traditional route of line 21. Along König-Karl-Straße, on either side of the Daimlerplatz stop, the tracks remain embedded in the roadway, while the following route through Cannstatt Spa Park and along Teinacher Straße (including the Kursaal stop) has a grass-covered trackbed. Along Schmidener Straße, the Stadtbahn first runs on-street, but

straße – Kornbergstraße. Für den Stadtbahnbetrieb wurde die Haltestelle Russische Kirche etwa 60 m nach Westen verschoben, so dass die Haltestelle Falkertstraße, die nur in einer Richtung bedient worden war, entfallen konnte. Wegen der beengten Platzverhältnisse mussten in diesem Bereich die neuen Gleise abschnittsweise straßenbündig verlegt werden.

Der 2,1 km lange Nordast der U2 vom Wilhelmsplatz bis Obere Ziegelei, der 1911 eröffnet worden war, wurde bis 1978 traditionell von der Straßenbahnlinie 21 befahren. In der König-Karl-Straße beiderseits der Haltestelle Daimlerplatz liegen die Gleise auch heute noch im Straßenpflaster, anschließend wird der Cannstatter Kurpark sowie die anschließende Strecke in der Teinacher Straße, wo die Haltestelle Kursaal liegt, auf einem Rasengleis zurückgelegt. Entlang der Schmidener Straße fährt die Stadtbahn erst straßenbündig, doch östlich des Eisenbahnviadukts steht ein eigener Gleiskörper in nördlicher Seitenlage zur Verfügung. Zwischen den Haltestellen Gnesener Straße und Obere Ziegelei mussten die Gleise auf 200 m Länge ineinander verschlungen verlegt werden. An der Haltestelle Obere Ziegelei endete die frühere Straßenbahn in einer Schleife. Im Zuge des Umbaus zur Stadtbahn wurde die Strecke auf einer steilen Trasse (7%) ca. 500 m bis zum Hauptfriedhof verlängert. Im Anschluss daran wurde ab April 2002 in einer Tiefe von 10-15 m unter dem Friedhof bergmännisch (Spritzbetonbauweise) ein 1,1 km langer Tunnel gebaut und die Stadtbahnstrecke am 16. Juli 2005 bis Neugereut (1,7 km) verlängert.

Obere Ziegelei > Hauptfriedhof - 7% Steigung | *7% gradient*

Steinhaldenfeld

after passing under the railway viaduct, there is a separate right-of-way along the northern side of the road. Between the stops Gnesener Straße and Obere Ziegelei, the tracks are interlaced along a 200 m section. At Obere Ziegelei, there used to be a terminal loop for the trams. When the existing line was upgraded to Stadtbahn standard, a new 500 m section with a steep gradient (7%) to Hauptfriedhof was also added. In April 2002, the construction of a 1.1 km tunnel running 10-15 m below a cemetery was excavated using the NATM (or 'shotcrete method'). Line U2 was eventually extended by 1.7 km to Neugereut on 16 July 2005.

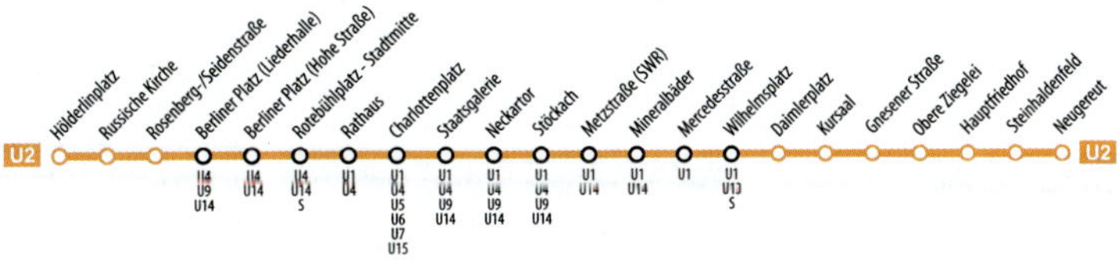

① **Hölderlinplatz** - hier entstand eine ansprechende Endhaltestelle mit Mittelbahnsteig, die allerdings fast die gesamte Breite der Johannesstraße einnimmt.
- a pleasant terminus with an island platform was built here for the Stadtbahn, although it occupies the entire width of Johannesstraße.

② **Hölderlinplatz > Russische Kirche** - die Einfahrt in die Endstation ist auf einem kurzen Stück eingleisig, wodurch der Einbau einer Doppelkreuzungsweiche vermieden werden konnte.
- before arriving at the terminus, there is a short single-track section – a complex scissors crossover would otherwise have been necessary.

③ **Russische Kirche** - Mittelbahnsteig mit 7% Steigung, wobei das stadteinwärtige Gleis von den Autos befahren werden darf.
- island platform with a 7% gradient; the inbound track lies embedded in the roadway.

④ **Berliner Platz (Liederhalle)** - begraster Gleiskörper; die Gestaltung der Haltestelle lehnt sich an die bestehende Station der U9/U14 (► S. 38) an.
- grass-covered trackbed; the design of the stop is in harmony with the existing U9/U14 platforms (► p. 38).

⑤ **Berliner Platz (Hohe Straße)** - Haltestelle direkt am Tunnelmund in der Fritz-Elsas-Straße; hier sollte die Trasse nach Planungen der frühen siebziger Jahre noch im Tunnel verlaufen, und am Berliner Platz sollte ein unterirdischer Turmbahnhof entstehen.

- this stop lies at the tunnel mouth on Fritz-Elsas-Straße; according to early 1970s plans, the tunnel was to continue beyond Berliner Platz, where a 2-level interchange station was planned.

①-③ **Rotebühlplatz (Stadtmitte)** - der U-Bahnhof liegt am Ende der Königstraße und trägt zu Recht den Zusatz ‚Stadtmitte', welcher aber vor allem auf die Umsteigemöglichkeit zur S-Bahn hinweist. Der Bahnhof wurde in Deckelbauweise errichtet. Die Bahnsteige fallen nach Süden hin ab; das Nordende liegt über dem S-Bahn-Tunnel und geht direkt in die Tunnelrampe über. Zur S-Bahn kann man über das nördliche Zwischengeschoss (Ebene -1) umsteigen. Die hier 2002 eingebauten Aufzüge führen direkt von der Oberfläche zu den Bahnsteigen, außerdem wurde über den Gleisen eine Brücke ③ eingehängt, um Aufzugbenutzern auch einen Zugang zum Zwischengeschoss und somit zur S-Bahn zu ermöglichen.
Vom südlichen Zwischengeschoss kommt man in die Königstraße, Stuttgarts Haupteinkaufsstraße ①.

- this underground station lies at the end of Königstraße, so the appendage 'Stadtmitte' [city centre] is justified, although it was added more to indicate the adjacent S-Bahn station of that name. The station was built using the so-called 'top-down' method. It has a slight inclination towards the southern end; the northern end lies above the S-Bahn tunnel and leads directly to the tunnel mouth. Interchange with the S-Bahn is provided via the northern mezzanine (level -1), where lifts were added in 2002 to connect the platforms directly to the surface; a new footbridge across the tracks ③ provides access from the lifts to the mezzanine and the S-Bahn.
The southern mezzanine leads to Königstraße, Stuttgart's main shopping street ①.

④ **Rathaus** - die U2 und U4 halten hier Richtung Staatsgalerie auf Gleis 3, das 2002 an die Außenwand verlegt wurde, nachdem der ehemalige niedrige Seitenbahnsteig nicht mehr benötigt wurde. Aufgrund des südlich anschließenden Gleisdreiecks ist diese Hälfte des Mittelbahnsteigs im hinteren Bereich stark geneigt (▶ S. 21).

- in the direction of Staatsgalerie, lines U2 and U4 stop on track 3, which was moved to the outer wall in 2002, once the former low-level side platform was no longer required. Due to the triangular junction lying directly south of the station, this half of the island platform has a severe inclination towards its rear end (▶ p. 21).

① **Wilhelmsplatz** > **Daimlerplatz** - kurz vor der Haltestelle Wilhelmsplatz (▶ S. 26) vereinigen sich die Gleise der U1 und der U2, gleichzeitig werden die Gleise der U13 gekreuzt.
- line U2 joins line U1 just before arriving at Wilhelmsplatz (▶ p. 26); the crossing tracks are for line U13.

② **Daimlerplatz** - die Gleise wurden hier leicht abgesenkt, damit die Hochbahnsteige nicht so wuchtig wirken. Der Innenraum des Rondells bietet gerade Platz genug für die 38 m langen Züge. Früher hielten die Straßenbahnen jeweils vor dem Rondell.
- the trackbed was slightly lowered to reduce the visual impact of the high platforms. The area inside the roundabout is just big enough for the 38 m trains. Previously, the trams used to stop before arriving at the roundabout.

③ **Daimlerplatz** > **Kursaal** - die Stadtbahn durchquert den Cannstatter Kurpark auf einem Rasengleis.
- the Stadtbahn runs through Cannstatt Spa Park on a grass-covered trackbed.

④ **Gnesener Straße** > **Obere Ziegelei** - in der Schmidener Straße liegen die Gleise auf ca. 200 m wegen Platzmangels ineinander verschlungen - im Hintergrund die Haltestelle Obere Ziegelei.
- due to a lack of space, a 200 m section along Schmidener Straße was built with interlaced tracks - Obere Ziegelei is visible in the background.

⑤ **Obere Ziegelei** - bis 2002 endete die Straßenbahn hier in einer Schleife, heute führt eine steile Strecke hinauf zum Hauptfriedhof.
- until 2002, there was a terminal loop here for the tramway; now, a steep route leads up to the city's main cemetery (Hauptfriedhof).

① **Obere Ziegelei** - ehemalige Endstelle der Straßenbahn.
- former tramway terminus.

② **Hauptfriedhof** - vom Mittelbahnsteig führt eine Rampe hinauf zum Friedhof. Die beiden Tunnelportale entstanden in offener Bauweise, die eingleisigen Tunnel vereinigen sich kurz darauf in einem zweigleisigen, bergmännisch unter dem Friedhof aufgefahrenen Tunnel.
- a ramp leads up to the cemetery from the island platform. The two tunnel mouths were built by cut-and-cover; after a short stretch, the two single-track tunnels merge into a double-track tunnel built below the cemetery using the NATM.

③④ **Steinhaldenfeld** - am nördlichen Ende des Tunnels unter dem Friedhof liegt diese Station an einem Hang. Das südliche Ende des Mittelbahnsteigs ist über eine Treppe und einen Aufzug (▶ S. 29) zugänglich, während das nördliche fast ebenerdig erreichbar ist. In Bild ③ ist im Hintergrund die Siedlung Neugereut zu sehen.
- this station lies on a slope at the northern end of the tunnel. The southern end of the island platform is accessible via stairs and a lift (▶ p. 29), while the northern end is accessible via an almost flat ramp. The neighbourhood of Neugereut is visible in the background in photo ③.

⑤ **Neugereut** - einzige Haltestelle der beiden U2-Äste mit 80 m langem Bahnsteig. Die U2 erreicht in diesem Wohngebiet aus den siebziger Jahren auf 290 m über N.N. ihren höchsten Punkt. Einst war geplant, Neugereut über einen Abzweig von der U14 anzuschließen, was auch die Überwindung eines erheblichen Höhenunterschieds bedeutet hätte.
- the only station on the two U2 legs with an 80 m platform. At 290 m above sea level, this 1970s neighbourhood is the highest point served by line U2. There were once plans to link this area via a branch off line U14, which would also have implied a very steep route.

U11 Hauptbahnhof – Daimler-Stadion (Schleyer-Halle)

Die Linie U11 verkehrt nur zu besonderen Anlässen auf dem Cannstatter Wasen, wie das ‚Cannstatter Volksfest', oder das ‚Frühlingsfest', sowie bei Großveranstaltungen im Stadion (z.B. bei Heimspielen des VfB Stuttgart), in der Porsche-Arena und in der Hanns-Martin-Schleyer-Halle. Die vom Daimler-Stadion abfahrenden Züge fahren ab Staatsgalerie Richtung Hauptbahnhof und dann weiter über Friedrichsbau, Berliner Platz, Rotebühlplatz, Rathaus und Charlottenplatz zurück zum Stadion. In Vorbereitung auf die Fußball-WM 2006 wurden alle Haltestellen außer Berliner Platz (Hohe Straße) entlang dieser Strecke so ausgebaut, dass auf der U11 Doppeltraktionen mit 77 m Länge eingesetzt werden können.

Der Bereich des 1933 eröffneten Neckarstadions (heute Gottlieb-Daimler-Stadion) wurde bereits in den dreißiger Jahren durch die Straßenbahn erschlossen, zeitweise sogar durch eine von Bad Cannstatt nach Gaisburg durchgehende Linie. Ab 1969 fuhr die Straßenbahn zum Stadion jedoch nur noch zu besonderen Anlässen.

1988 wurde der 900 m lange Abschnitt zwischen dem Abzweig Mercedesstraße und der Haltestelle Cannstatter Wasen stadtbahnmäßig ausgebaut. Der restliche 400 m lange Abschnitt zur heutigen Endstelle Daimler-Stadion (Schleyer-Halle) konnte erst fünf Jahre später mit Stadtbahnfahrzeugen befahren werden.

Line U11 only operates during special events on Cannstatter Wasen, like the 'Cannstatter Volksfest' (Stuttgart's version of the Oktoberfest) and the 'Frühlingsfest' (spring festival), as well as during big events at the stadium (e.g. the football club VfB Stuttgart's home games), the Porsche-Arena and the Hanns-Martin-Schleyer-Halle (another indoor arena). Trains departing from Daimler-Stadion run in a loop around the city centre, from Staatsgalerie to Hauptbahnhof, Friedrichsbau, Berliner Platz, Rotebühlplatz, Rathaus and Charlottenplatz, before returning to the stadium. In preparation for the FIFA World Cup 2006, all stations along this route except Berliner Platz (Hohe Straße) were rebuilt to allow the use of 77 m 4-car trains on line U11.

The area around the Neckarstadion (now the Gottlieb-Daimler-Stadion) had been served by trams since 1933, for some years even by a through line from Bad Cannstatt to Gaisburg. Since 1969, however, trams had only been running to the stadium during special events.

In 1988, a 900 m section between the junction at Mercedesstraße and the Cannstatter Wasen stop was rebuilt for the Stadtbahn, the remaining 400 m section up to the present terminus only being completed five years later.

U11
8,2 km (ca. 4,3 km unterird. | *underground*)
14 Haltestellen | *Stops* (7 unterird. | *underground*)

Beginn des Stadtbahnbetriebs | *Start of Stadtbahn operation*

24-09-1988 Hauptbahnhof – Mercedesstraße – Cannstatter Wasen
13-08-1993 Cannstatter Wasen – Daimler-Stadion (Schleyer-Halle)

① **Cannstatter Wasen** > **Mercedesstraße** - jeden Herbst zeigen die Züge der U11 zwei Wochen lang die Zielangabe ‚Volksfestlinie'.
- for two weeks in autumn, U11 trains show the destination 'Volksfestlinie'.

② **Cannstatter Wasen** - aus Sicherheitsgründen wurde zwischen beiden Gleisen ein Zaun errichtet, südlich der Station müssen die Fahrgäste Richtung Stadtzentrum allerdings die Gleise überqueren; der Übergang ist mit Schranken gesichert. Der Bahnsteig Richtung Stadtzentrum hat Zugangssperren, womit der Massenandrang bei Veranstaltungen besser kontrolliert werden kann. Außerhalb der Volksfestzeit bleibt dieser Bahnsteig abgesperrt.
- a fence was erected between the tracks to prevent people crossing them – to the south of the station, passengers have to cross the tracks, though, to get to the inbound platform; the level crossing is safeguarded by barriers. The inbound platform has access gates, which help control the crowds trying to get to the trains; outside the festival period, this platform remains locked.

③④ **Daimler-Stadion (Schleyer-Halle)** - der keilförmige Bahnsteig mit Zugangssperren ist für Massenandrang bei Großveranstaltungen vorbereitet. Die Zugänge können bei Überfüllung bzw. außerhalb der Betriebszeiten geschlossen werden.
- the wedge-shaped platform has access gates and is ready to take large crowds of passengers during special events. The gates remain locked when line U11 is not in service.

⑤ **Daimler-Stadion (Schleyer-Halle)** > **Cannstatter Wasen** - Ausfahrt aus der Endhaltestelle – stadteinwärts zeigen die Züge das Fahrtziel ‚Hauptbahnhof' an.
- northern end of the terminus – inbound trains show the destination 'Hauptbahnhof'.

Friedrichsbau (Börse)

U14 Heslach – Remseck

Die Linie U14 fuhr ab dem 12. Juli 1986 als Stadtbahn nach Mühlhausen. Bis auf den Innenstadtabschnitt verkehrt die U14 auf ihrem südlichen Teil parallel zur U1, weshalb in diesem Kapitel vor allem auf den nördlichen Ast eingegangen wird. Ab Mineralbäder folgt die U14 auf einer Länge von 12 km bis Remseck stets dem Neckar.

In der Innenstadt befährt die Linie U14 ab Staatsgalerie den Abzweig der Diagonallinien über Hauptbahnhof und Friedrichsbau zum Berliner Platz (gemeinsam mit der U9), bevor sie dann über Rotebühlplatz am U-Bahnhof Österreichischer Platz auf die Strecke der Linie U1 zurückkommt. Während die U1 die Strecke Staatsgalerie – Österreichischer Platz in nur vier Minuten zurücklegt, braucht die U14 dafür acht Minuten.

Die Liniennummer 14 wird bereits seit 1910 für den Abzweig von Berg (Mineralbäder) Richtung Münster verwendet. Auf dem ersten Abschnitt bis Cannstatt (Wilhelmsbrücke) verkehrten zwischen 1869 und 1892 die Pferdebahnen der SPE-Wilhelmalinie. Ab 1900 wurde die Strecke von einer elektrischen Straßenbahnlinie bedient, welche ab 1909 gemeinsam mit der Vorort-Straßenbahn ‚Cannstatt – Münster' betrieben wurde. Die Linie 14 wurde dann in mehreren Stufen bis 1935 nach Mühlhausen verlängert. Einen durchgehenden Verkehr von Mühlhausen über das Stadtzentrum bis Heslach gab es bereits in den fünfziger Jahren, ab 1969 fuhr die ‚14' allerdings zum Westbahnhof. Auf die Heslacher Strecke kehrte sie erst 1978 zurück. Im Stadtzentrum befährt sie seither den Umweg über Berliner Platz und Hauptbahnhof, wobei sie anfangs statt der heutigen Rampe nördlich der Station Rotebühlplatz über eine

Line U14 began running to Mühlhausen with Stadtbahn trains on 12 July 1986. Except for the city centre loop, the southern part of line U14 corresponds to line U1, so this chapter focuses on the northern leg. From Mineralbäder up to its terminus at Remseck, line U14 follows the Neckar River over a length of 12 km.

In the city centre, line U14 shares the branch of the diagonal lines from Staatsgalerie via Hauptbahnhof and Friedrichsbau to Berliner Platz (U9), before returning via Rotebühlplatz to the U1 route at Österreichischer Platz. On line U1 it takes four minutes to go from Staatsgalerie to Österreichischer Platz, whereas on line U14 it takes eight.

The line number 14 was used from as early as 1910 to identify the branch from Berg (Mineralbäder) towards Münster. The first part of this branch, from Berg to Cannstatt (Wilhelmsbrücke), had already been served by horse tramways between 1869 and 1892 (SPE 'Wilhelmalinie'). In 1900, electric tramways began running on this section, which from 1909 was operated jointly with the suburban line 'Cannstatt – Münster'. By 1935, line 14 had gradually been extended to

U14
20,8 km (ca. 4,6 km unterird. | *underground*)
33 Haltestellen | *Stops* (7 unterird. | *underground*)

Beginn des Stadtbahnbetriebs | *Start of Stadtbahn operation*

12-07-1986 Heslach – Rotebühlplatz – Hauptbahnhof – Mühlhausen
22-05-1999 Mühlhausen – Remseck

provisorische Rampe Wilhelmsbau direkt nach dem Abzweig zwischen Österreichischer Platz und Rathaus wieder ans Tageslicht kam, bis der U-Bahnhof Rotebühlplatz (Stadtmitte) mit der anschließenden Rampe Fritz-Elsas-Straße am 31. Oktober 1983 eröffnet wurde. Bis 26. September 1987 fuhr die U14 in der Hauptverkehrszeit noch bis Vaihingen, wegen des parallelen S-Bahn-Verkehrs war das dann jedoch nicht mehr erforderlich. Bei Aufnahme des Stadtbahnbetriebs standen zwischen Mühlsteg und Mühlhausen durchgehend Hochbahnsteige zur Verfügung, diese wurden bis 1998 an den übrigen Haltestellen nachgerüstet.

Am 22. Mai 1999 fand die Eröffnung der 4,8 km langen Neubaustrecke von Mühlhausen entlang des Neckars in die Nachbargemeinde Remseck statt. Gleichzeitig wurde neben der Haltestelle Hornbach ein dritter Betriebshof eingerichtet. Die U14 endet seither am Rand des Ortsteils Neckargröningen. Die Strecke verläuft am östlichen Rand der Landesstraße L1100, die für den Bau der Stadtbahn einige Meter nach Westen verschoben werden musste, und weist trotz ihres Überlandcharakters durchgehend einen Rasengleiskörper auf.

Nach Vollendung der geplanten U12 (Löwentor – Münster) könnte der Abschnitt der U14 zwischen Wagrainäcker und Remseck an diese neue Linie angeschlossen werden, die U14 hingegen könnte dann in Hofen (Max-Eyth-See) enden.

①

Mühlhausen. A through line from Mühlhausen to Heslach via the city centre had already been established during the 1950s, but from 1969, line 14 had Westbahnhof (the former western railway station) as its southern terminus. In 1978, it finally returned to the Heslach route. Since then, it has taken a detour through the city centre via Hauptbahnhof and Berliner Platz; for some years it used to emerge from the tunnel on a ramp at Wilhelmsbau, just after the junction between Österreichischer Platz and Rathaus, instead of the present ramp north of Rotebühlplatz station on Fritz-Elsas-Straße, which was completed on 31 Oct 1983. Until 26 Sept 1987, line U14 ran through to Vaihingen during peak-hours, but after the S-Bahn started serving Vaihingen, line U14 was cut back to Heslach at all times.

By the time Stadtbahn operation began, all stations between Mühlsteg and Mühlhausen had been equipped with high platforms, with the rest being retrofitted by 1998.

On 22 May 1999, a totally new 4.8 km route from Mühlhausen to the neighbouring municipality of Remseck was opened. At the same time, a third depot was brought into service adjacent to Hornbach station. Line U14 now terminates just outside Neckargröningen. The route runs along the eastern side of the L1100 road, which had to be moved some metres towards the west. Despite the route's interurban character, the entire section has a grass-covered trackbed. Once line U12 (Löwentor – Münster) has been built, the section between Wagrainäcker and Remseck may be connected to the new line, and line U14 may then terminate at Hofen (Max-Eyth-See).

① **Remseck-Neckargröningen** - seit 1999 Endstelle der U14 | *since 1999, the terminus of line U14.*
② **Freibergstraße** - typischer Halt zwischen Bebauung und Neckar | *typical stop between built-up area and Neckar River.*
③ **Berliner Platz (Liederhalle)** - die U14 biegt nach links Richtung Berliner Platz (Hohe Straße) ab, während die Gleise geradeaus Richtung Vogelsang (U9) führen. | *line U14 turns left towards Berliner Platz (Hohe Straße), while the straight tracks continue towards Vogelsang (U9).*

②

③

① **Heslach Vogelrain** - die südliche Endstation liegt direkt neben dem Betriebshof Heslach. Die U14 endet auf dem mittleren Gleis am 80 m langen Mittelbahnsteig, wo sie auch wieder abfährt.
- the southern terminus lies adjacent to the Heslach depot. Line U14 terminates and departs on the centre track using the 80 m island platform.

② **Südheimer Platz (Seilbahn)** - im Hintergrund ist das Brückenwiderlager der vor wenigen Jahren abgerissenen Straßenbrücke über den Platz zu sehen (▶ S. 19).
- the terrace-like structure in the background was the abutment of the former viaduct across Südheimer Platz (▶ p. 19).

③ **Bihlplatz** - stadteinwärtiger Bahnsteig direkt am Bihlplatz entlang der straßenbündigen Strecke, der stadtauswärtige befindet sich 130 m weiter hinten (▶ S. 19).
- inbound platform right at the square, along the on-street section; the outbound platform lies some 130 m further on (▶ p. 19).

④ **Österreichischer Platz** - unmittelbar nach dieser Station fädeln die beiden Gleise der U14 mittig Richtung Rotebühlplatz aus, wobei das Gleis der U1 Richtung Vaihingen über die U14 geführt wird (▶ S. 20).
- just after this station, the U14 tracks diverge towards Rotebühlplatz, with the outbound U1 track (direction Vaihingen) being carried over the U14 tracks (▶ p. 20).

⑤ **Berliner Platz (Liederhalle)** - nur knapp 200 m liegen zwischen den zwei Haltestellen beiderseits des Berliner Platzes. Die Haltestelle an der Liederhalle wurde 1994 umgestaltet.
- the two stops on either side of Berliner Platz are just 200 m apart. The one at Liederhalle was refurbished in 1994.

①-③ **Friedrichsbau (Börse)** - ähnlich wie Neckartor und Staatsgalerie mit Blick vom Zwischengeschoss zur Bahnsteigebene. Dieser Bahnhof wurde 1976 mit dem Namen ‚Universität' eröffnet, 1985 (mit Eröffnung des S-Bahnhofs Universität) in Keplerstraße umbenannt, seit 2004 heißt er nun Friedrichsbau (dieser Name war bereits seit 1994 als Zusatz verwendet worden, als das Varieté-Theater dieses Namens neu eröffnet wurde). Die grün-gelbe Wanddekoration zeugt von seiner Entstehungszeit in den siebziger Jahren. Die drei Aufzüge gingen im September 2006 in Betrieb.

- like at Neckartor and Staatsgalerie, the mezzanine provides a general view of the platform level. Opened in 1976 as 'Universität', the station was renamed 'Keplerstraße' in 1985 (when the S-Bahn station Universität also opened), and since 2004, it has been referred to as 'Friedrichsbau' (this name had been used as an appendage to Keplerstraße since 1994, when the music hall theatre of that name was re-opened). The yellow/green wall decoration is a clear indication that the station was designed in the 1970s. The three lifts were added in Sept 2006.

④⑤ **Hauptbahnhof (Arnulf-Klett-Platz)** - auf der Ebene -2 liegen die Gleise der U9/U14 neben denen der Talquerlinien, so dass in der Mitte ein gemeinsamer Mittelbahnsteig entstand, auf dem man bequem von den Zügen aus Richtung Friedrichsbau in die Bahnen Richtung Türlenstraße umsteigen kann. Nordwestlich des Bahnhofs führt der U9/U14-Tunnel über den der Talquerlinien hinweg.

Die Bahnsteige der Stadtbahn und der S-Bahn sind nicht durch direkte Treppen, jedoch durch Aufzüge miteinander verbunden. Die meisten Umsteigenden benutzen daher das Zwischengeschoss auf der Ebene -1, das sich als Ladenpassage (bekannt als Klett-Passage) über den gesamten Stationsbereich erstreckt.

- the U9/U14 tracks lie side-by-side with the cross-valley lines, and thus share an island platform on level -2, where convenient interchange is provided from the eastbound U9/U14 to the northbound cross-valley lines. At the northwestern end of this station, the U9/U14 tunnel flies over the cross-valley tunnel.

The Stadtbahn and S-Bahn platforms are not directly linked by stairs, but by lifts. Most transferring passengers therefore use the mezzanine on level -1, which is a large concourse with shops that extends above the entire station (known as the Klett-Passage).

① **Metzstraße (SWR)** - 2004 wurden die Bahnsteige dieser Standardhaltestelle auf 80 m verlängert. Der Namenszusatz bezieht sich auf den ‚Südwestrundfunk'.
- standard surface stop, with platforms extended to 80 m in 2004. The 'SWR' appendage refers to the 'Südwestrundfunk', a public regional radio and television company.

② **Wilhelma** > **Rosensteinbrücke**
- unmittelbar an der Haltestelle Rosensteinbrücke kreuzt die Trasse der U13.
- right at the Rosensteinbrücke stop, the U14 route is intersected by line U13.

③ **Rosensteinbrücke** > **Mühlsteg**
- die U14 folgt bis Remseck dem Neckartal.
- line U14 runs along the Neckar River to its terminus at Remseck.

④ **Rosensteinbrücke** - im Bereich dieser Haltestelle, die erst seit 1998 über einen Hochbahnsteig verfügt, wird die Trasse von Bussen mitbenutzt.
- this station was only retrofitted with a high platform in 1998; the trackbed is also used as a bus lane.

⑤ **Mühlsteg** > **Kraftwerk Münster** - bis Elbestraße verläuft die Trasse der U14 in Straßenmitte.
- up to the Elbestraße stop, the right-of-way is aligned along the middle strip of the road.

① **Kraftwerk Münster** - das Heizkraftwerk im Hintergrund spannt sich über die Stadtbahntrasse und die Neckartalstraße.
- the power plant in the background spans over the Stadtbahn tracks and Neckartalstraße.
② **Münster Viadukt** - hoch über der Stadtbahn führt das Eisenbahnviadukt, auf dem neben Güterzügen werktags auch ein paar Personenzüge verkehren.
- the railway viaduct that runs high above the Stadtbahn is part of a freight bypass line, which on weekdays also carries a few passenger trains.
③ **Münster Rathaus** - im Hintergrund sind die Weinberge am anderen Neckarufer zu erkennen.
- in the background, the vineyards on the other side of the Neckar River can be seen.
④ **Elbestraße** - wenig Abwechslung bietet die Gestaltung der oberirdischen Haltestellen.
- most surface stops were built to a standard design.
⑤ **Wagrainäcker** > **Elbestraße** - in voller Fahrt geht es von der Station Elbestraße Richtung Aubrücke über den Neckar. In diesem Bereich soll eines Tages die Linie U12 auf die U14 treffen.
- from the Elbestraße stop, a curve takes the trains onto the Aubrücke, which crosses the Neckar River. At approximately this point, line U12 may one day join the U14 route.

① Photo

②

① **Hofen** - wie an der Haltestelle Max-Eyth-See findet man auf dem stadtauswärtigen Bahnsteig zwei ungewöhnliche Wartehäuschen; der Bahnsteig Richtung Heslach liegt mit Standard-Unterstand versetzt jenseits des Bahnübergangs. Die Trasse liegt hier heute in nördlicher Seitenlage, während die Straßenbahn früher in der Fahrbahn verkehrte. Bis 1999 hieß übrigens die Haltestelle Wagrainäcker Max-Eyth-See, und die heutige Haltestelle Max-Eyth-See trug den Namen Seeblickweg.

- like at the Max-Eyth-See stop, the outbound platform at Hofen boasts a less standardised shelter, while the inbound platform, which lies staggered on the other side of the level crossing, has a standard roof. The route now runs along the northern side of the road, whereas the former tram route was embedded in the roadway. Until 1999, the name Max-Eyth-See was used for the present Wagrainäcker stop, and this stop used to be called Seeblickweg.

② **Hofen** > **Auwiesen** - die Stadtbahn überquert den Neckar hier auf der Hofener Brücke, direkt am Kraftwerk und der Schleuse.

- the Stadtbahn crosses the Neckar River on the Hofener Brücke, which is adjacent to a power plant and a lock.

③ **Mühlhausen** - 64 Jahre lang war hier Endstation für die Straßen- bzw. seit 1986 für die Stadtbahn. 900 m nach dieser 80 m langen Haltestelle verlässt die U14 das Stuttgarter Stadtgebiet. Mit 2,3 km findet man zwischen Mühlhausen und Hornbach einen der längsten Stationsabstände im Stuttgarter Stadtbahnnetz.

- for 64 years this was the terminus for the trams and (from 1986) the Stadtbahn. About 900 m after this stop, which has an 80 m island platform, the Stadtbahn leaves the Stuttgart city boundaries. At 2.3 km, the distance between Mühlhausen and Hornbach is among the longest on the Stuttgart Stadtbahn network.

④ **Hornbach** > **Mühle** - die Neubaustrecke nach Remseck verläuft größtenteils zwischen der Landesstraße L1100 und dem Neckar, weshalb es auch keine verkehrsreichen Bahnübergänge gibt.

- the new route to Remseck runs mostly between the L1100 road and the Neckar River, and so there are no busy level crossings along this section.

③

④

①

②

①② **Mühle** - der Mittelbahnsteig dieser Haltestelle ist über eine Straßenunterführung erreichbar. Die Rampe rechts führt vom Hochwasserdamm zur Unterführung. Der Bahnsteig dieser Station wurde für Doppeltraktionen ausgebaut.
- this station's island platform is accessible via an underpass; the ramp on the right leads from the river dyke to the underpass. The platform was built long enough for 4-car trains.

③④ **Brückenstraße** - völlig kreuzungsfreie Station mit 40 m langem Bahnsteig, der über einen Aufzug und einen Treppenaufgang von einer Straßenbrücke, die rechts an einem Kraftwerk über den Fluss führt, zugänglich ist.
- a fully grade-separated station, with a 40 m platform accessible via a lift and stairs from the road bridge, which on the right leads across the river at a power plant.

⑤ **Remseck-Neckargröningen** - die U14 endet seit 1999 in einer zweigleisigen Station am Rand des Ortsteils Neckargröningen. Über eine Brücke erreicht man den Ortsteil Neckarrems, an der Mündung der Rems in den Neckar. Remseck wurde 1975 durch Zusammenschluss mehrerer kleinerer Gemeinden gegründet. Der Bahnsteig ist wie die meisten Endstationen lang genug für Doppeltraktionen.
- since 1999, line U14 has had its terminus on the edge of Neckargröningen. Across the bridge is Neckarrems, which lies at the confluence of the Rems and Neckar Rivers. Remseck was created in 1975 by merging several smaller towns into one municipality. Like at most termini, the platform is long enough for 4-car trains.

③

⑤

④

Herderplatz

Die Diagonallinien U4 und U9 stellen keine eigenständige dritte Stammstrecke wie etwa bei der Stadtbahn Hannover oder Frankfurt dar, sondern eher einen Abzweig von der Tallängslinie. Eine völlige Entflechtung der Diagonal- von den Tallängslinien stand in Stuttgart auch nie wirklich zur Debatte. Im Rahmen des Riesenprojekts ‚Stuttgart 21', das auch den Neubau der Station Staatsgalerie sowie des danebengelegenen Abzweigs zum Hauptbahnhof vorsieht, hätte eine eigenständige Tunnelstrecke zum Ostendplatz vielleicht sogar Chancen auf Verwirklichung gefunden, wurde aber auch zu diesem Zeitpunkt nicht in Erwägung gezogen.

In der westlichen Innenstadt war jedoch lange Zeit eine längere Tunnelstrecke vom U-Bahnhof Friedrichsbau mindestens bis hinter den Berliner Platz, zeitweise sogar bis zum Vogelsang vorgesehen, beim Bau der Haltestelle Herderplatz wurde auch noch die Möglichkeit einer späteren Tunnelstrecke entlang der Bebelstraße offen gehalten. Statt einer eigenständigen Stammstrecke bietet die heutige Linienführung der U4 bzw. U9 den Fahrgästen aus dem Stuttgarter Westen (in den Hauptverkehrszeiten sogar aus Botnang) sowie aus Gaisburg und Wangen die Möglichkeit, zwischen zwei Innenstadtrouten zu wählen und so direkt an ihr Ziel zu kommen.

Von 1989 bis 1994, als nur die U9 als Stadtbahn verkehrte, endete der stadtbahnmäßige Ausbau am Vogelsang, die Straßenbahnen der Linie 4 fuhren weiterhin nach Botnang über die kurven- und steigungsreiche Strecke über den Botnanger Sattel. In Botnang war die Streckenführung bereits 1977 aus dem Dorfkern herausgenommen und in der Regerstraße neu trassiert worden. Als wichtigstes Einzelbauwerk der Diagonal-

The diagonal lines U4 and U9 do not constitute a totally separate third trunk route, as may be found on the Hanover or Frankfurt Stadtbahn systems, but are rather branches off the valley lines. In Stuttgart, the complete separation of the diagonal lines from the valley lines was never a real issue. A separate tunnel route towards Ostendplatz might have been possible in conjunction with the gigantic 'Stuttgart 21' project, which includes the total rebuilding of Staatsgalerie station and the adjacent underground junction, but this option was not really considered either.

In the west of the city centre, however, a tunnel from Friedrichsbau at least beyond Berliner Platz, at times even up to Vogelsang, had been planned for a long time, and when Herderplatz station was built, the option for a full underground alignment along Bebelstraße was still taken into account. Instead of a separate trunk route, the present line layout provides direct links for passengers from the western parts of the city via either line U4 or line U9 (which during peak hours is extended all the way to Botnang), as well as from Gaisburg and Wangen, by choosing between two different routes through the city centre.

From 1989 to 1994, when only line U9 was operated with Stadtbahn vehicles, the upgraded Stadtbahn route ended at Vogelsang. Tram line 4 continued to run to Botnang via the steep and winding route across the Botnanger Sattel. In Botnang, the former tram route through the town centre had been abandoned in 1977 and re-aligned along Regerstraße. The single most important structure built for the diagonal lines is the 550 m tunnel below the Botnanger Sattel, which

Millöckerstraße (Strecke in der Regerstraße | *route along Regerstraße*)

Im Degen

linien wurde am 24. September 1994 der 550 m lange, bergmännisch aufgefahrene Tunnel unter dem Botnanger Sattel mit der völlig kreuzungsfrei ausgebauten Station Herderplatz in Betrieb genommen.

Während auf dem Westast überall ein eigener Bahnkörper in Straßenmitte sowie an allen Haltestellen Hochbahnsteige vorhanden sind, gibt es im Bereich Ostheim zwischen Stöckach und Bergfriedhof (U4/U9), sowie in Gaisburg zwischen Ostendplatz und Wangener-/Landhausstraße (U4) straßenbündige Abschnitte.

Ähnlich wie in Botnang wurde auch im Ortsteil Wangen die frühere Straßenbahntrasse der Linie 9 entlang der südlichen Ulmer Straße, der direkten Route von der Haltestelle Inselstraße bis zum Wangener Marktplatz, aufgegeben und die Stadtbahnlinie U9 über die von der Linie 13 benutzte Strecke in der Wasenstraße umgeleitet.

Auf den Linien U4 und U9 verkehren nur Einzelwagen mit einer Länge von 38 m, da viele der oberirdischen Haltestellen nicht für Doppeltraktionen ausgebaut sind. Bislang sind außerhalb der Innenstadt nur die Haltestelle Herderplatz sowie die Endstellen in Hedelfingen und Botnang lang genug für zwei DT8-Wagen. Die fehlenden Hochbahnsteige an den Haltestellen Ostendplatz, Tal-/Landhausstraße (Leo-Vetter-Bad) und Gaisburg (alle U4), deren Bau wegen der beengten Straßenverhältnisse immer wieder aufgeschoben wurde, sollen in naher Zukunft errichtet werden. Für die Diagonallinien sind keine konkreten Verlängerungspläne bekannt.

was excavated using the NATM and opened on 24 Sept 1994, when the totally grade-separated station Herderplatz was also brought into service.

Whereas along the entire western leg a separate right-of-way is available and all stations are equipped with high-level platforms, on the route through Ostheim between Stöckach and Bergfriedhof (U4/U9), as well as through Gaisburg between Ostendplatz and Wangener-/Landhausstraße, the Stadtbahn tracks remain embedded in the roadway.

Like in Botnang, the former tram route through Wangen, i.e. the direct route for line 9 along the southern part of Ulmer Straße between Inselstraße and Wangen Marktplatz, was abandoned, and Stadtbahn line U9 was diverted onto a route previously only used by line 13 along Wasenstraße.

Lines U4 and U9 can only be operated with 38 m 2-car trains as many surface stops are not ready to take longer units. At the time of writing, only Herderplatz and the termini at Hedelfingen and Botnang stations can accommodate 4-car trainsets outside the city centre. The still missing high platforms at Ostendplatz, Tal-/Landhausstraße (Leo-Vetter-Bad) and Gaisburg (all on line U4) are planned to be built in the near future. The construction of these platforms has been postponed time and again due to the narrowness of the street the line runs through.

At present, there are no short-term plans to extend the diagonal lines.

Wangener-/Landhausstraße

Inselstraße

Lindpaintnerstraße > Herderplatz

U4 Botnang – Untertürkheim

Die Linie U4 wurde am 24. September 1994 mit Inbetriebnahme des Tunnels unter dem Botnanger Sattel auf Stadtbahnbetrieb umgestellt.

Der westliche Abschnitt geht auf eine Straßenbahnstrecke zurück, die 1905 bis zum Vogelsang und 1914 als eine der ‚Stuttgarter Vorort-Straßenbahnen' über den Botnanger Sattel nach Botnang errichtet wurde. Bis 1977, als die Strecke entlang der Regerstraße neu trassiert wurde, bediente traditionell die Linie 9 den Vorort Botnang über die Franz-Schubert-Straße und eine Schleife Griegstraße/Alte Stuttgarter Straße.

Der östliche Abschnitt der heutigen U4 hat seinen Vorläufer in einer Straßenbahnstrecke von 1904, nämlich vom Stadtzentrum über Stöckach nach Gaisburg. Von dort führte ab 1910 eine Vorortstraßenbahn nach Wangen, sowie von Wangen über den Neckar nach Untertürkheim. 1930 wurde auch Obertürkheim an diese Strecke angeschlossen, die Linie 4 fuhr 1939 erstmals bis Obertürkheim durch.

Die ‚4' ist seit Einführung der Liniennummern mit dem östlichen Ast verbunden, im Westen hingegen kam die ‚4' erst 1986 auf die Botnanger Strecke, zuvor fuhr sie traditionell zum Hölderlinplatz, während Botnang anfangs mit der Linie 18, ab 1954 dann mit der Linie 9 erreicht werden konnte.

Die Linie 4, von Obertürkheim kommend, fuhr bereits von 1966 bis 1968 durch den ersten U-Strab-Tunnel am Charlottenplatz. Am 10. Mai 1972 kehrte sie über die Rampe Stöckach in den nun verlängerten Tunnel zurück, verließ diesen bis zum 31.10. 1983, als der Tunnel bis zur heutigen Rampe in der Fritz-Elsas-Straße verlängert wurde, über die Rampe Wilhelmsbau, südlicher der heutigen Station Rotebühlplatz.

Line U4 started Stadtbahn operation on 24 September 1994, when the tunnel below Botnanger Sattel was completed.

The western leg of line U4 is a successor of the tram route opened up to Vogelsang in 1905, and to Botnang as a part of the 'Stuttgarter Vorort-Straßenbahnen' in 1914. Until 1977, when the route was re-aligned along Regerstraße, the suburb of Botnang was traditionally served by line 9 along Franz-Schubert-Straße and a loop along Griegstraße/Alte Stuttgarter Straße.

The eastern U4 leg had its predecessor in a tram route opened in 1904 from the city centre via Stöckach to Gaisburg, from where, after 1910, suburban trams continued to Wangen and across the Neckar River to Untertürkheim. In 1930, this route was extended to Obertürkheim, with line 4 first serving this terminus in 1939.

Although the line number '4' has been assigned to the eastern leg ever since line numbers were first introduced, the western leg saw the number '4' for the first time in 1986; prior to that, line 4 served the branch to Hölderlinplatz, while Botnang was initially linked by line 18, and from 1954 by line 9.

Line 4 trams from Obertürkheim ran through the first tram tunnel at Charlottenplatz between 1966 and 1968. They

U4
12,4 km (ca. 3,5 km unterird. | *underground*)
28 Haltestellen | *Stops* (5 unterird. | *underground*)

Beginn des Stadtbahnbetriebs | *Start of Stadtbahn operation*

24-09-1994 Botnang – Rotebühlplatz – Charlottenplatz – Untertürkheim

Seit 24. September 1994 verkehrt sie in ihrer heutigen Form als Stadtbahn.

Für den Stadtbahnbetrieb wurde im Anschluss an den Botnanger Tunnel zwischen Lindpaintnerstraße und Beethovenstraße ein Rasengleiskörper in östlicher Seitenlage statt eines vormaligen Schottergleises in Straßenmitte angelegt. Auf dem Abschnitt durch Ostheim und Gaisburg konnte nur zwischen Bergfriedhof und Ostendplatz entlang der Ostendstraße ein eigener Gleiskörper links und rechts eines breiten Grünstreifens gebaut werden, längere Abschnitte blieben hier straßenbündig. Die Brücke über die Bundesstraße 10 und den Neckar musste für den Bau eines eigenen Bahnkörpers verbreitert und die Eisenbahnbrücke an der Kreuzung Wasenstraße/Inselstraße (▶ S. 55) neu gebaut werden.

Mit Umstellung der Linie 4 auf Stadtbahnbetrieb wurde die seit 1930 befahrene 2,5 km lange Strecke zwischen Untertürkheim und Obertürkheim wegen Parallelverkehrs zur S-Bahn eingestellt.

① Ostendplatz > Bergfriedhof
② Tal-/Landhausstraße > Gaisburg
③④ Untertürkheim

returned into the tunnel on 10 May 1972, when the extension to the ramp at Stöckach was brought into service. Until 31 Oct 1983, when the underground route with the present ramp on Fritz-Elsas-Straße was completed, they emerged from the tunnel on a temporary ramp at Wilhelmsbau, south of the present Rotebühlplatz station. Since 24 Sept 1994, line U4 has been running in its present form as a Stadtbahn line.

For Stadtbahn operation, the section following the Botnang tunnel between Lindpaintnerstraße and Beethovenstraße was re-aligned along the eastern side of the road on a grass-covered trackbed, thus abandoning the former ballast trackbed in the middle of the road. On the route through Ostheim and Gaisburg, a dedicated right-of-way was only possible along Ostendstraße, between Bergfriedhof and Ostendplatz, as there was a wide-enough green strip; other sections had to remain embedded in the roadway. The bridge across the B10 road and the Neckar River had to be widened to provide enough room for a separate right-of-way, and the railway viaduct at the Wasenstraße/Inselstraße junction (▶ p. 55) had to be rebuilt.

When line 4 started Stadtbahn operation, the 2.5 km section between Untertürkheim and Obertürkheim was abandoned as it ran parallel to the S-Bahn.

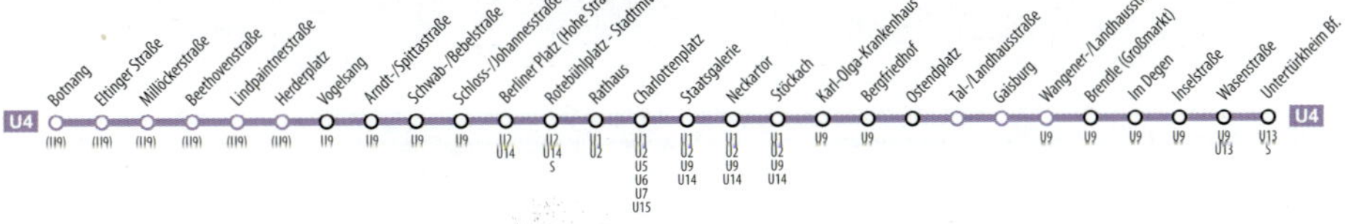

①② **Botnang** - dieser Stadtteil ist von der Innenstadt durch den etwa 400 m hohen Kräherwald getrennt und von dort nur über den Botnanger Sattel zu erreichen. Die Endstelle der U4 liegt am westlichen Ortsrand, der Mittelbahnsteig ist für Doppeltraktionen ausgebaut.
- the district is separated from the city centre by the approximately 400 m high Kräherwald and accessible from the centre only via the Botnanger Sattel. The U4 terminus lies on the western edge of the suburb, with an island platform long enough for 4-car trains.

③ **Botnang** > **Eltinger Straße** - der dörfliche Charakter Botnangs ist noch gut erhalten. Die Straßenbahn wurde 1977 aus dem Ortskern herausgenommen und in die Regerstraße verlegt.
- Botnang's rural atmosphere is well preserved. The tramway was withdrawn from the town centre in 1977 and re-aligned along Regerstraße.

④ **Eltinger Straße** - Standardhaltestelle nahe des Botnanger Ortskerns.
- standard stop close to the Botnang town centre.

⑤ **Millöckerstraße** - eine Fußgängerbrücke dient als östlicher Zugang und als Übergang über die Regerstraße. Die Konstruktion von 1976 soll in den nächsten Jahren neu gebaut werden, durch Rampen soll ein behindertengerechter Zugang geschaffen werden (▶ S. 45).
- a footbridge that spans over Regerstraße provides access to this stop at the eastern side; this structure dates from 1976 and may be rebuilt in the mid-term future with ramps leading down to the platforms (▶ p. 45).

① **Beethovenstraße** > **Millöckerstraße** - großzügig trassierte Strecke auf eigenem Gleiskörper, die 1977 die Schleife durch den Ortskern ersetzte.
- the old loop through the Botnang town centre was replaced by a new route on a separate right-of-way in 1977.

② **Lindpaintnerstraße** - am Fuße des Kräherwaldes, unweit von der Tunneleinfahrt gelegene Haltestelle. Das standardisierte Wartehäuschen dient hier zusätzlich als Eingangsportal zum Bahnsteig.
- located at the foot of the Kräherwald, near the Botnang tunnel mouth. The standard shelter also functions as a gateway to the platform.

③④ **Herderplatz** - voll U-Bahn-mäßig ausgebaute Station direkt am Tunnelmund (► S. 44). Die Tunnelsohle ist am Portal so angelegt, dass in Zukunft ein Tunnel zwischen Herderplatz und Berliner Platz angeschlossen werden könnte, allerdings müsste dafür die gesamte Station umgebaut werden.
- metro-like station right outside the Botnang tunnel (► p. 44). The tunnel floor was built lower at the tunnel mouth so that an underground section between Herderplatz and Berliner Platz could be connected in the future, although this would imply a complete reconstruction of the present station.

⑤ **Herderplatz** > **Vogelsang** - im Hintergrund rechts ist die seitliche Kehranlage für die Linie U9 zu sehen.
- in the background, the reversing sidings for line U9 are visible.

①

②

③

① **Vogelsang** - Haltestelle mit individuell gestalteten Unterständen, die zusammen mit den Hochbahnsteigen errichtet wurden, stadtauswärts bereits 1990, stadteinwärts erst 1995. Endstelle der U9, die im Hintergrund links in eine zweigleisige Wendeanlage fährt.
- station with individually designed shelters erected when the high-level platforms were built, the outbound one in 1990, but the inbound one only in 1995. This is the terminus for line U9, for which two sidings are available on the left beyond the station.

② **Arndt-/Spittastraße** > **Vogelsang** - eigener Gleiskörper von 1981, die Straßenbahn fuhr vorher stadtauswärts über die Forststraße.
- separate right-of-way since 1981, prior to which the tram used to run to Vogelsang via Forststraße.

③ **Arndt-/Spittastraße** - seit 1994 mit Hochbahnsteigen ausgestattet.
- since 1994, equipped with high platforms.

④ **Schwab-/Bebelstraße** > **Arndt-/Spittastraße** - das Schottergleisbett wirkt wie eine Trennlinie.
- the ballast trackbed acts as a dividing line.

⑤ **Schwab-/Bebelstraße** - hier kreuzte bis 1972 die tangentiale Straßenbahnstrecke entlang der Schwabstraße, heute bedient die Buslinie 42 diese Strecke. Die Bahnsteige wurden 2005 nach einem tödlichen Unfall etwa 10 m stadtauswärts verschoben, um mehr Platz am Fußgängerübergang zu schaffen.
- until 1972, a tram line along Schwabstraße (now bus line 42) intersected the present Stadtbahn route at this point. After a fatal accident, the platforms were moved about 10 m to the west to provide more space at the pedestrian crossing.

④

⑤

① **Rotebühlplatz (Stadtmitte)** - hohe Decke als Folge der Deckelbauweise.
- the high ceiling is a result of the 'top-down' construction method.

② **Schloss-/Johannesstraße** - einziger Halt der Botnanger Strecke mit versetzt angeordneten Bahnsteigen.
- only station along the Botnang route with staggered platforms.

③ **Rotebühlplatz (Stadtmitte)** - südlicher Zugang am Ende der Königstraße zur unterirdischen Stadtbahnstation, die als ‚Wilhelmsbau' geplant worden war. Die S-Bahn erreicht man von hier aus über die Bahnsteige der Stadtbahn.
- at the end of Königstraße, the southern entrance to the underground Stadtbahn station, which was once planned as 'Wilhelmsbau'. The S-Bahn platform is accessible from here via the Stadtbahn platforms.

④ **Rathaus** - zwischen Berliner Platz und Stöckach befährt die U4 dieselbe Strecke wie die U2. Richtung Botnang hält sie im U-Bahnhof Rathaus wie die U1 und die U2 am Seitenbahnsteig, Richtung Untertürkheim am Mittelbahnsteig links außerhalb des Bildes (► S. 31).
- between Berliner Platz and Stöckach, line U4 shares the U2 route. At Rathaus, line U4 stops on its way to Botnang at the side platform like lines U1 and U2, but towards Untertürkheim it uses the left edge of the island platform, which is not visible in this photo (► p. 31).

⑤ **Stöckach** - direkt östlich der Haltestelle fädeln die Linien U4 und U9 auf die Strecke der Tallängslinien ein.
- lines U4 and U9 join the valley lines just east of Stöckach station.

①

②

③

① **Karl-Olga-Krankenhaus** - während die Trasse hier stadteinwärts auch im Haltestellenbereich straßenbündig ist, wird der Autoverkehr stadtauswärts hinter dem Bahnsteig vorbeigeleitet.
- the inbound track is embedded in the roadway, while in the outbound direction the cars are diverted along the rear side of the platform.

② **Bergfriedhof** - wegen der beengten Platzverhältnisse in der Hackstraße konnte man sich hier erst 2005 zum Bau von Hochbahnsteigen entschließen. Die Autos benutzen in beiden Richtungen die Stadtbahntrasse (► S. 56).
- due to the narrowness of Hackstraße, high platforms were only erected here in 2005. The cars use the Stadtbahn route in both directions (► p. 56).

③ **Ostendplatz** - die Stadtbahn kommt aus der Landhausstraße, wo die Strecke straßenbündig verläuft, in die Ostendstraße, wo ein eigener Gleiskörper zur Verfügung steht (► S. 47).
- the Stadtbahn train is leaving Landhausstraße, where the tracks are embedded in the roadway, and is entering Ostendstraße, where a separate right-of-way is available (► p. 47).

④⑤ **Gaisburg** - bis Ende 2008 sollen auch an den verbliebenen Haltestellen der U4 Hochbahnsteige errichtet werden. Alle drei werden dabei Richtung Stadtzentrum verschoben und die Haltestelle Tal-/Landhausstraße soll bei dieser Gelegenheit in Leo-Vetter-Bad umbenannt werden.

- by the end of 2008, the remaining three stops on line U4 will have been equipped with high platforms. They will all be relocated closer towards the city centre, and Tal-/Landhausstraße will be renamed Leo-Vetter-Bad.

④

⑤

① **Wangener-/Landhausstraße** - hier befinden sich die Hochbahnsteige auf Straßenebene, die Gleistrasse hingegen ist abgesenkt. Der Wartebereich ist wegen der Enge des Bahnsteigs auf der anderen Fahrbahnseite angeordnet.
- the platforms were built level with the road, while the trackbed was lowered; due to the narrow platform, the waiting area is located on the side of the pavement.

② **Im Degen** > **Brendle (Großmarkt)** - ab dem Punkt, wo die U4 und U9 wieder gemeinsam verlaufen, ist die Strecke voll stadtbahnmäßig ausgebaut.
- the route becomes a typical Stadtbahn right-of-way from the point where lines U4 and U9 rejoin.

③ **Brendle (Großmarkt)** - die Gestaltung der Haltestellen entspricht dem Standard der meisten älteren oberirdischen Strecken.
- the design of the stations follows the standard used at all the older surface stops.

④ **Untertürkheim** > **Wasenstraße** - die Endstelle der U4 liegt parallel zur S-Bahn. Im Hintergrund fährt ein Zug der Linie U13 von Wasenstraße kommend in die separate Haltestelle Untertürkheim ein (► S. 63).
- the U4 terminus lies parallel to the S-Bahn; in the background, a U13 train from Wasenstraße is approaching its own station at Untertürkheim (► p. 63).

⑤ **Untertürkheim** - anders als bei den meisten Endstellen gibt es hier nur einen 40 m langen Mittelbahnsteig (► S. 47), dafür mit Wendeanlage dahinter, was sonst außer an den Zwischenendstellen nur in Vaihingen zu finden ist.

- unlike most termini, line U4 only has a 40 m island platform here (► p. 47), but to make up for this, there are reversing sidings beyond the station, which, except for the intermediate termini, are otherwise only found at Vaihingen.

Hauptbahnhof (Arnulf-Klett-Platz)

U9 (Botnang –) Vogelsang – Hedelfingen

Die Linie U9 begann am 30. September 1989 als Stadtbahn zwischen Hedelfingen und Vogelsang zu fahren. Seit 1994 fährt sie in den Hauptverkehrszeiten von Vogelsang auf der Strecke der U4 weiter bis Botnang.

Die U9 geht auf die sog. ‚Schlachthof-Linie', eine Pendellinie zwischen Bergfriedhof und Schlachthof von 1910 zurück, die bereits damals die Linienbezeichnung 9 trug. 1913 wurde sie bis Wangener-/Landhausstraße verlängert, wo sie an die seit 1910 bestehende Strecke nach Wangen und Hedelfingen angeschlossen werden konnte. Zwischen Botnang und Hedelfingen ist diese Linie 9 nun seit 1954 zu sehen.

Von 1920 bis 1945 fuhr entlang der Strecke der Linie 9 vom Stadtzentrum bis Hedelfingen auch die Linie 26, die im Gemeinschaftsverkehr mit der Esslinger Straßenbahn (ESS, ► S. 9) von Hedelfingen über den Neckar nach Obertürkheim und von dort weiter nach Oberesslingen verkehrte.

Die Linie 9 wurde bei Inbetriebnahme des Tunnels zwischen Charlottenplatz und Stöckach am 10. Mai 1972 auf diese Strecke umgeleitet, bis am 31. August desselben Jahres der Abzweig von Staatsgalerie Richtung Hauptbahnhof mit einer provisorischen Rampe in der Schillerstraße fertiggestellt wurde. Am 9. April 1976 konnte auch das Tunnelstück bis zur Rampe Schlossstraße mit den beiden unterirdischen Haltestellen Hauptbahnhof (Arnulf-Klett-Platz) und Friedrichsbau (damals Universität) vollendet werden, womit die Linie weitgehend ihre heutige Gestalt annahm.

Die U9 verkehrt heute bis auf den Abschnitt entlang der Hackstraße zwischen Stöckach und Bergfriedhof auf eigenem

Stadtbahn operation on line U9 began between Hedelfingen and Vogelsang on 30 Sept 1989. Since 1994, line U9 has been extended to Botnang during peak hours along the route otherwise served by line U4.

Line U9 goes back to the so-called 'Schlachthof-Linie', a shuttle line between Bergfriedhof and Schlachthof [abattoir] opened in 1910 which has always carried the number '9'. In 1913, it was extended to Wangener-/Landhausstraße, where it was linked to the existing route to Wangen and Hedelfingen, which had been in service since 1910. Line 9 has been running between Botnang and Hedelfingen since 1954.

From 1920 to 1945, the route between Hedelfingen and the city centre was shared by line 26, which was jointly operated by the SSB and the ESS (► p. 9) and which continued from Hedelfingen across the Neckar River to Obertürkheim, and from there to Oberesslingen.

When the tunnel between Stöckach and Charlottenplatz opened on 10 May 1972, line 9 was diverted through it until the temporary ramp on Schillerstraße, just after the Staatsgalerie junction, opened on 31 August of that same year. The connecting tunnel via Hauptbahnhof (Arnulf-Klett-Platz) and

U9
10,9 km (ca. 2,3 km unterird. | *underground*)
23 (+6) Haltestellen | *Stops* (4 unterird. | *underground*)

Beginn des Stadtbahnbetriebs | *Start of Stadtbahn operation*

30-09-1989 Vogelsang – Friedrichsbau – Hauptbahnhof – Hedelfingen

Gleiskörper, meist in Straßenmittellage, außer zwischen Schlachthof und Wangener-/Landhausstraße, wo die Gleise in westlicher Randlage liegen. Bei Beginn des Stadtbahnbetriebs 1989 standen der U9 allerdings nur wenige Hochbahnsteige zur Verfügung. Wegen des Mischbetriebs mit den Straßenbahnen der Linien 4 und 13 war der Bau von Hochbahnsteigen an vielen Haltestellen aus Platzmangel nicht möglich. Mit der Errichtung der Hochbahnsteige am Bergfriedhof konnten bis 2005 jedoch alle Stationen entlang der U9 voll stadtbahnmäßig ausgebaut werden.

① **Wasenstraße** - links U9 aus Richtung Innenstadt, rechts U13 Richtung Untertürkheim | *on the left, U9 from the city centre; on the right, U13 to Untertürkheim.*
② **Hauptbahnhof (Arnulf-Klett-Platz)** - Abgang von der Klett-Passage (Ebene -1) | *Access from the concourse on level -1.*
③ **Berliner Platz** (> Schloss-/Johannesstraße) - alle 75 Sekunden fährt ein Zug über diese Kreuzung | *busy junction, with a train every 75 seconds.*
④ **Vogelsang** > **Herderplatz** - U9 bei der Ausfahrt aus der Kehranlage | *U9 train returning from the sidings.*

Friedrichsbau (then Universität) up to the present ramp on Schlossstraße was completed on 9 April 1976, giving the line its current layout.

Except for the section along Hackstraße between Stöckach and Bergfriedhof, line U9 runs its full length on a separate right-of-way, which lies mostly on the middle strip, but between Schlachthof and Wangener-/Landhausstraße, the route is aligned along the western side of the road. When line U9 began Stadtbahn operation, only a few high-level platforms were available. Along the routes shared with lines 4 and 13, which were only converted to Stadtbahn operation later, it was not possible to build high platforms due to a lack of space, the low platforms still being required. By 2005, when the high platforms were built at Bergfriedhof, all stations along line U9 had finally been upgraded to full Stadtbahn standard.

① **Bergfriedhof** - straßenbündige Strecke entlang der Hackstraße bis Stöckach; im Vordergrund zweigt das Gleis der U4 Richtung Ostendplatz ab – man beachte die Reste des ehemaligen 3-Schienen-Gleises (▶ S. 52).
- on-street running along Hackstraße down to Stöckach; the diverging track in the foreground is for line U4 towards Ostendplatz – note the remains of the former 3-rail track (▶ p. 52).

② **Raitelsberg** - ab Bergfriedhof fährt die U9 Richtung Neckartal hinunter, das Gefälle ist am abgestuften Bahnsteigdach gut zu erkennen.
- from Bergfriedhof, line U9 descends towards the Neckar valley, the gradient being noticeable in the tiered shelters.

③ **Schlachthof** - wie an der Haltestelle Raitelsberg wurden hier 1990 Hochbahnsteige errichtet.
- like at Raitelsberg, high platforms were built here in 1990.

④ **Wangener-/Landhausstraße** > **Schlachthof** - einziger Abschnitt der U9 mit eigenem Gleiskörper in westlicher Seitenlage der Wangener Straße.
- the only section on line U9 with a separate right-of-way aligned alongside the road, here along the western side of Wangener Straße.

⑤ **Wangener-/Landhausstraße** - unten rechts in der Wangener Straße hält die U9, oben links in der Landhausstraße die U4 (▶ S. 53).
- the lower stop on the right on Wangener Straße is for line U9, while line U4 stops on the left on Landhausstraße at a higher level (▶ p. 53).

①

②

③

① **Wangen Marktplatz** > **Wasenstraße** - statt wie früher über die südliche Ulmer Straße (wo sich die Haltestelle Salacher Straße befand) fährt die U9 heute wie die U13 entlang der Wasenstraße.
- *instead of the former direct route along the southern part of Ulmer Straße (where the stop Salacher Straße was located), line U9 now shares the U13 route along Wasenstraße.*

② **Wangen Marktplatz** - auch wenn man das an der Beschilderung ablesen könnte, führt die Unterführung heute nur zur anderen Straßenseite, aber nicht mehr zu den 1998 angehobenen Bahnsteigen (▶ S. 63).
- *although the signs may indicate otherwise, the underpass only leads to the other side of the road, and no longer to the platforms raised in 1998 (▶ p. 63).*

③ **Wangen Marktplatz** > **Wasenstraße** - kurvenreiche Strecke, jedoch auf eigenem Gleiskörper.
- *winding route, but on a separate right-of-way.*

④ **Hedelfinger Straße (KODAK)** - bis 2003 hieß die Haltestelle nur KODAK, mittlerweile ist die bekannte Firma selbst als Beiname von den meisten Netzplänen verschwunden.
- *until 2003, this stop was simply called KODAK, but although this continued to be used as an appendage, the famous company's name has meanwhile disappeared from most network maps.*

⑤ **Hedelfingen** - die Linie U9 fährt immer vom östlichen und die Linie U13 vom westlichen Gleis ab. Von 1989 bis 1998 war das westliche Gleis hochgeschottert, damit die damalige Straßenbahnlinie 13 zum Wenden noch die alte Schleife erreichen konnte (▶ S. 12).
- *line U9 always departs from the eastern and line U13 from the western track. From 1989 to 1998, the western track was raised by means of extra ballast, which enabled the trams on the old line 13 to reach their terminal loop (▶ p. 12).*

④

⑤

Feuerbach Krankenhaus

U13 (Giebel –) Feuerbach – Hedelfingen

Am 13. September 1997 begann auch auf der Linie 13 das Stadtbahnzeitalter, allerdings anfangs nur zwischen Giebel bzw. Feuerbach Pfostenwäldle und Schlotterbeckstraße in Untertürkheim, da der Tunnel unter den DB-Gleisanlagen, der sog. Arlberg-Durchlass, erst am 27. März 1998 in Betrieb genommen werden konnte. Seither fährt die U13 als Tangential-Stadtbahnlinie bis Hedelfingen. Auf ihrem Weg zwischen Feuerbach und Hedelfingen befährt sie Abschnitte der Talquerlinien (Feuerbach – Pragsattel – Löwentor), der Tallängslinien (Wilhelmsplatz – Augsburger Platz) sowie der Diagonallinien (Untertürkheim – Hedelfingen). Lediglich sechs Haltestellen können nur mit der U13 erreicht werden.

Eine Verbindung zwischen Feuerbach und Bad Cannstatt wurde bereits 1909 mit der Linie 12 der ‚Stuttgarter Vorort-Straßenbahnen' eingerichtet, teilweise parallel dazu fuhr schon damals die Linie 13 nach Zuffenhausen. Seit 1924 ist die ‚13' nun zwischen Feuerbach und Bad Cannstatt unterwegs.

Für den Stadtbahnbetrieb wurde zwischen Rosensteinbrücke und Glockenstraße ein neuer Rasengleiskörper angelegt, so dass die frühere straßenbündige Trasse für das Gleis Richtung Pragsattel beseitigt werden konnte. Um die Kapazität der verkehrsreichen Pragstraße nicht zu reduzieren, mussten Gebäudeteile des Tierparks Wilhelma abgerissen werden. Entlang der Badstraße, zwischen Rosensteinbrücke und Wilhelmsplatz, verläuft die Strecke Richtung Feuerbach straßenbündig, während das Gleis Richtung Hedelfingen hochgepflastert ist (zu Straßenbahnzeiten waren beiden Gleise hochgepflastert). Wegen der angeblich komplizierten Verwirklichung von Hoch-

On 13 Sept 1997, the Stadtbahn Age also arrived on line 13, although initially only between Giebel/Feuerbach Pfostenwäldle and Schlotterbeckstraße in Untertürkheim. The tunnel under the mainline tracks, the so-called 'Arlberg-Durchlass', which would allow line U13 to be extended to its present terminus at Hedelfingen, was only completed on 27 March 1998. Line U13 is a tangential route that shares certain stretches with cross-valley lines (Feuerbach – Pragsattel – Löwentor), valley lines (Wilhelmsplatz – Augsburger Platz) and diagonal lines (Untertürkheim – Hedelfingen). Only six stops are served by line U13 alone.

A link between Feuerbach and Bad Cannstatt was first established in 1909 in the form of line 12, which was one of the 'Stuttgarter Vorort-Straßenbahnen' (suburban lines). At that time, part of line 13 ran parallel to line 12 on its way to Zuffenhausen; line 13 has been operating between Feuerbach and Bad Cannstatt since 1924.

In preparation for the Stadtbahn, a grass-covered right-of-way was also built between Rosensteinbrücke and Glockenstraße, thus eliminating the former on-street track in the

U13
13,5 km (ca. 2,3 km unterird. | *underground*)
23 (+7) Haltestellen | *Stops* (1 unterird. | *underground*)

Beginn des Stadtbahnbetriebs | *Start of Stadtbahn operation*

13-09-1997 (Giebel –) Feuerbach Pfostenwäldle – Schlotterbeckstraße
27-03-1998 Schlotterbeckstraße – Hedelfingen

① **Feuerbach Pfostenwäldle** - westliche Endstation (▶ S. 89), nur während der Hauptverkehrszeiten fährt die U13 bis Giebel weiter .
- western terminus (▶ p. 89); line U13 continues to Giebel only during peak hours.
② **Maybachstraße** - gemeinsamer Abschnitt mit der Linie U6 (▶ S. 91).
- section shared with line U6 (▶ p. 91).

bahnsteigen in der Badstraße (Wilhelmsplatz) wird auch eine Verlegung der Trasse durch einen Umweg über die Haltestellen Mercedesstraße und Wilhelma in Erwägung gezogen.

Die Strecke zwischen Augsburger Platz und Untertürkheim wurde entlang der Hauptbahntrasse im Jahr 1930 für die ehemalige Linie 12 eröffnet, seit 1942 fährt die Linie 13 nun zwischen Feuerbach und Wangen, 1959 wurde sie bis Hedelfingen durchgebunden. Wegen der Parallelführung zur S-Bahn war die Umstellung des Abschnitts Bad Cannstatt – Untertürkheim auf Stadtbahnbetrieb anfangs nicht vorgesehen, später dann doch umgesetzt worden. Die bereits zu Straßenbahnzeiten vorhandene Gleisverschlingung zwischen den Haltestellen Kienbachstraße und Blick ist auch bei den normalspurigen Stadtbahngleisen wieder zu finden, vorübergehend war sie sogar dreischienig. Die ehemalige Straßenbahnhaltestelle Gipsfabrik zwischen Eszet und Blick entfiel.

Das wichtigste Bauwerk, das für die Stadtbahnlinie U13 (neben den von der U6 mitbenutzten Tunneln in Feuerbach) errichtet wurde, ist der bereits erwähnte 115 m lange Arlberg-Durchlass unter den DB-Gleisen in Untertürkheim. Dazu wurden zehn Betonsegmente im hydraulischen Vorpressverfahren diagonal unter der Eisenbahntrasse durchgeschoben. Früher musste die Straßenbahn zwischen Schlotterbeckstraße und der Westseite des Bahnhofs Untertürkheim straßenbündig durch die enge Bahnunterführung verkehren.

Bei Inbetriebnahme der U13 als Stadtbahn verfügten die meisten Stationen bereits über Hochbahnsteige, an zwei Haltestellen werden jedoch bis auf Weiteres Fahrzeuge mit Klapptrittstufen benötigt. Während man sich an der Haltestelle Wilhelmsplatz (Badstraße) auf keine Lösung einigen kann, soll die Kreuzung Augsburger Platz völlig umgebaut und die Haltestelle der U13 zum DB-Halt Ebitzweg verlegt werden. Da es sich bei diesen beiden Niedrigbahnsteigen bald um die letzten im gesamten Netz handelt, wird sicherlich mittelfristig eine endgültige Entscheidung getroffen werden müssen.

direction of Pragsattel. To maintain the number of road lanes along the busy Pragstraße, parts of some buildings belonging to the Wilhelma Zoo had to be demolished. Along Badstraße, between Rosensteinbrücke and Wilhelmsplatz, the track towards Feuerbach is embedded in the roadway, while the track towards Hedelfingen is on a reserved, specially paved right-of-way (during the days of tram operation, both tracks were separated from road traffic). Due to alleged difficulties in building high-level platforms at Badstraße (Wilhelmsplatz), the diversion of line U13 via Mercedesstraße and Wilhelma has been proposed.

The route between Augsburger Platz and Untertürkheim was opened along the mainline tracks for the former line 12 in 1930; line 13 began serving Feuerbach – Wangen in 1942, and since 1959 it has been running through to Hedelfingen. Due to its parallel alignment to the S-Bahn, the section Bad Cannstatt – Untertürkheim was initially not included in the Stadtbahn scheme, but later it was added. The section of interlaced tracks between Kienbachstraße and Blick, which had already existed during tram operation, was maintained, and for some years it was even equipped with 3-rail tracks. A tram stop called Gipsfabrik, which was located between Eszet and Blick, was removed from the network.

The single most important structure built for line U13 (except for the tunnels in Feuerbach shared by line U6) is the 115 m 'Arlberg-Durchlass', a tunnel under the mainline tracks at Untertürkheim. It was realised with ten prefabricated concrete segments, which were driven diagonally beneath the railway tracks by means of hydraulic presses. The trams had previously had to run in mixed traffic through the narrow underpass to get to the western side of Untertürkheim station.

When line U13 began Stadtbahn operation, most stops had already been retrofitted with high-level platforms; at two stops, however, vehicles with folding steps will be required for the foreseeable future. While no solution can be agreed on for the stop at Wilhelmsplatz (Badstraße), the road junction at Augsburger Platz is planned to be completely rebuilt, with the U13 stop to be relocated to the DB station Ebitzweg. As these two stops will soon be the only ones without high platforms on the entire network, a definitive solution will certainly need to be found in the mid-term future.

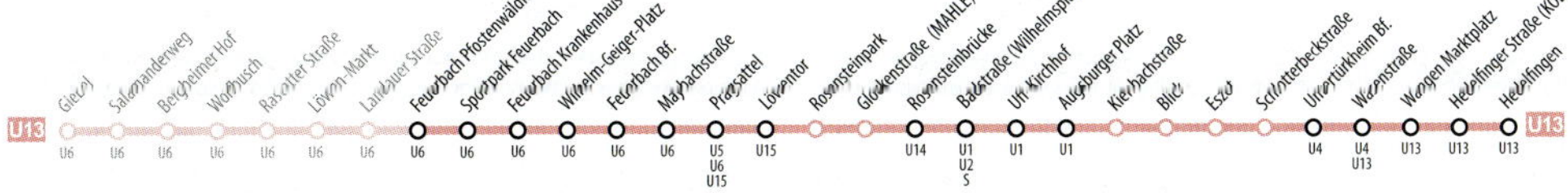

① **Pragsattel** - während die Verzweigung Richtung Feuerbach bzw. Zuffenhausen am Pragsattel kreuzungsfrei gebaut wurde, zweigen die U13 und die U15 Richtung Löwentor auch unterirdisch, jedoch niveaugleich ab.
- whereas the northern approach tunnels into the station of Pragsattel are grade-separated, there is a flat junction at the south, where lines U13 and U15 diverge underground towards Löwentor.

② **Löwentor** > **Pragsattel** - im Zuge des Baus des Straßentunnels der B10 im Jahr 2006 geringfügig umgebaute Tunneleinfahrt Richtung Pragsattel.
- the Stadtbahn tunnel was slightly rebuilt in 2006 in conjunction with a road tunnel for the B10.

③ **Löwentor** - 2006 wurde ein Mittelhochbahnsteig errichtet, daneben noch zwei provisorische niedrige Seitenbahnsteige für die Linie 15, die seit Dezember 2007 nun auch am Hochbahnsteig hält.
- in 2006, a high island platform was built; next to it are two temporary low-level side platforms for line 15, which, since December 2007, has also been using the high platform.

④ **Rosensteinpark** (bis | *until* 2003 Fortuna) > **Löwentor** - die kreuzende Strecke ist für die zukünftige U12 vorbereitet, die meterspurige Verbindung im Vordergrund bleibt für die Museumsstraßenbahnen erhalten.
- the crossing tracks are ready for the future line U12, the metre-gauge track link in the foreground will remain for heritage trams.

⑤ **Rosensteinbrücke** > **Glockenstraße (MAHLE)** (bis | *until* 2003 Eckardt) - eigener Gleiskörper auf der stark frequentierten Pragstraße, die in wenigen Jahren durch den Rosensteintunnel entlastet werden wird.
- separate right-of-way on the busy Pragstraße, which is to be relieved in a few years by the new Rosenstein tunnel.

①

②

③

① **Rosensteinbrücke** - um einen durchgehenden eigenen Gleiskörper für die Stadtbahn zu errichten, musste links der Zoo Wilhelma einige Meter abtreten.
- to enable a continuously separate right-of-way to be built for the Stadtbahn, the Wilhelma Zoo on the left had to cede a few metres.

② **Wilhelmsplatz (Badstraße)** > **Rosensteinbrücke** - Richtung Feuerbach fährt die U13 straßenbündig durch die Badstraße, Richtung Hedelfingen ist das Gleis hochgepflastert.
- in the direction of Feuerbach line U13 shares the road lane, towards Hedelfingen the track lies on a reserved raised surface.

③ **Rosensteinbrücke** - einer von fünf Neckarübergängen der Stuttgarter Stadtbahn.
- one of five Neckar crossings on the Stuttgart Stadtbahn network.

④ **Wilhelmsplatz (Badstraße)** - bislang ohne Bahnsteige. Die einfachste Lösung wäre eine Verlegung der Trasse über die Wilhelma, was allerdings die Fahrzeit um ca. 5 Minuten verlängern würde (außerdem würde für den derzeitigen Fahrplan ein weiteres Fahrzeug benötigt).
- still without platforms in 2008; the simplest solution would be to divert line U13 via Wilhelma, although this would increase its journey time by approx. five minutes (and might require an extra vehicle to maintain the present service).

⑤ **Augsburger Platz** - während die U1 (links) sogar mit einer individuell gestalteten Haltestelle aufwartet, scheint es für die U13 keine Lösung zu geben. Beide Haltestellen könnten in Zukunft ganz verschwinden, die U1 würde dann direkt unter dem S-Bahnhof Nürnberger Straße halten, die U13 am DB-Halt Ebitzweg.

- while line U1 even boasts an individually designed stop, no solution has been found for the U13 stop. Both stops may completely disappear in the future, in which case line U1 would stop directly beneath the S-Bahn station Nürnberger Straße, while the U13 stop would be relocated to the DB station Ebitzweg.

④

⑤

① **Kienbachstraße** - ab Augsburger Platz folgt die U13 der Güterumgehungsbahn, weshalb die Haltestelle Kienbachstraße nur vom Osten zugänglich ist.
- from Augsburger Platz, line U13 follows the freight bypass line; the station at Kienbachstraße is therefore only accessible from the eastern side.

② **Kienbachstraße > Blick** - Gleisverschlingung unter der Bahnstrecke Richtung Waiblingen.
- interlaced tracks below the railway route to Waiblingen.

③ **Eszet** - Blick von der Fußgängerbrücke, die die Haltestelle mit dem Daimler-Werk westlich der Gleisanlagen verbindet.
- view from the footbridge that links the stop to the Daimler works west of the railway tracks.

④ **Schlotterbeckstraße > Eszet**
- wegen der Fußgängerbrücke war eine zweite, wenn auch sehr kurze Gleisverschlingung (mit Weiche!) nötig.
- because of the footbridge, a second, though very short section with interlaced tracks (incl. points!) was necessary.

⑤ **Schlotterbeckstraße** - am nördlichen Rand vom Untertürkheimer Ortskern; bei Inbetriebnahme 1997 als Stadtbahnlinie U13 gab es hier nur eine provisorische Endhaltestelle, 1998 wurde der Mittelbahnsteig fertig gestellt.

- located at the northern end of the Untertürkheim town centre. When line U13 began Stadtbahn operation in 1997, there was only a temporary terminal platform here; the island platform was completed in 1998.

①

①③ **Untertürkheim** - eigene Bahnsteige für die U13, kurz danach vereinigt sie sich mit der U4 (► S. 53) und überquert den Neckar.
- separate platforms for line U13, which shortly after joins line U4 (► p. 53) on its way across the Neckar River.

② **Untertürkheim** > **Schlotterbeckstraße** - südliches Ende des ‚Arlberg-Durchlasses' diagonal unter den DB-Gleisen. Die Fußgängerbrücke führt direkt vom S-Bahnsteig zum Südportal des Daimler-Werksgeländes.
- southern end of the 'Arlberg-Durchlass', the tunnel that runs diagonally beneath the DB tracks. The footbridge leads directly from the S-Bahn platform to the southern access of the Daimler works.

④ **Wasenstraße** > **Untertürkheim** - zweite Neckarüberquerung der U13; im Hintergrund ist der Württemberg zu sehen, der dem Land seinen Namen gab (1952 wurde Württemberg mit Baden und Hohenzollern zum heutigen Bundesland Baden-Württemberg vereinigt).
- line U13 crossing the Neckar River for the second time. In the background is the Württemberg, a hill that gave the region its name (Württemberg joined Baden and Hohenzollern in 1952 to form the present state of Baden-Württemberg).

⑤ **Wangen Marktplatz** - im südlichen Abschnitt teilt sich die U13 die Gleise mit der Linie U9 (► S. 57).
- the southern U13 section is shared with line U9 (► p. 57).

②

③

④

⑤

Plieningen > Landhaus

U3 Vaihingen – Plieningen

Die Linie 3 (das ‚U' wurde erst ab 1989 davorgesetzt) ging am 28. September 1985 als erste Stadtbahnlinie Stuttgarts in Betrieb. Weitab vom Stadtzentrum (beide Endpunkte liegen etwa 7,7 km vom Schlossplatz entfernt, weshalb die Bezeichnung ‚Tangentiallinie' sehr treffend ist) wurden so Erfahrungen mit den neuen Fahrzeugen gesammelt, bevor diese einige Monate später mit der U1 und der U14 auch das Stadtzentrum erreichten.

Die Liniennummer 3 wurde auf der so genannten ‚Filderquerlinie' zwischen Vaihingen und Plieningen erst 1978 eingeführt, vorher fuhr hier jahrzehntelang die Linie 31, die wiederum aus der Filderbahn hervorgegangen war.

Die meterspurige Dampfstraßenbahn vom Zahnradbahnhof in Degerloch über Möhringen nach Plieningen und Hohenheim wurde 1888 eröffnet und war anfangs eingleisig mit mehreren Ausweichen. Ab Möhringen folgte die ursprüngliche Trasse weitgehend der Plieninger Straße. In Plieningen führte die Strecke vom heutigen Endpunkt etwa 500 m weiter zum Schloss Hohenheim. Die Inbetriebnahme des Abzweigs von Möhringen nach Vaihingen, bei gleichzeitigem Neubau des Bahnhofs Möhringen in seiner heutigen Lage, fand 1897 statt.

On 28 Sept 1985, line 3 (the 'U' prefix was only added in 1989) became Stuttgart's first Stadtbahn line. Far from the city centre (each terminus lies 7.7 km from Schlossplatz, so the term 'tangential line' is quite adequate), the first experience was gained with the new vehicles before they ran through the city centre on lines U1 and U14 a few months later.

The line number '3' was only assigned to the 'Filderquerlinie' [cross-Filder line] between Vaihingen and Plieningen in 1978; prior to that, the route was served by line 31, which had emerged from one of the Filderbahn routes.

Metre-gauge steam tramways began running from the rack railway station at Degerloch via Möhringen to Plieningen and Hohenheim in as early as 1888. The initial route was single-track and had several passing loops. From Möhringen, the original route mostly followed Plieninger Straße, and from the present terminus at Plieningen it used to continue for some 500 m to Schloss Hohenheim. A branch from Möhringen to Vaihingen was added in 1897; at the same time, Möhringen station was rebuilt at its present location. At Vaihingen, the terminus used to be at the eastern side of the mainline railway.

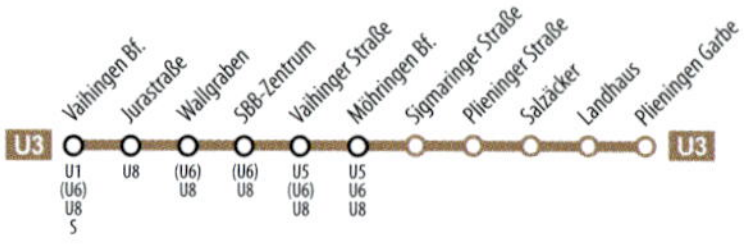

U3
7,9 km
11 Haltestellen | *Stops*

Beginn des Stadtbahnbetriebs | *Start of Stadtbahn operation*

28-09-1985 Vaihingen – Plieningen

Die Strecke endete damals in Vaihingen an der östlichen Seite des Staatsbahnhofs.

Während der Vaihinger Ast bereits 1902 elektrifiziert und für den Güterverkehr mit einem 3-Schienen-Gleis ausgerüstet worden war, wurde die Strecke nach Hohenheim 1906 auf die heutige, etwas südlichere Trasse mit 3-Schienen-Gleis umgelegt und elektrifiziert.

Nach dem Zweiten Weltkrieg fuhren die Straßenbahnen der Filderbahn erst von Hohenheim über Möhringen weiter nach Echterdingen, ab 1965 dann nach Vaihingen, wo sie in einer großen Schleife über die Möhringer Landstraße – Hauptstraße – Krehlstraße – Vollmoellerstraße – Bahnhof und Emilienstraße den gesamten Ortsteil Vaihingen erschlossen. Der Abschnitt Plieningen – Hohenheim wurde 1967 stillgelegt, weil für den Einsatz der GT4-Wagen eine Wendeschleife notwendig war und vor dem Schloss Hohenheim dafür kein Platz zur Verfügung gestellt wurde.

Für den Stadtbahnbetrieb wurde auch der Abschnitt zwischen Landhaus und Plieningen, der durch ein Waldgebiet und offene Felder führt, zweigleisig ausgebaut. In Vaihingen wurde die frühere Schleifenfahrt der Straßenbahn aufgegeben und die Stadtbahn direkt von der Eisenbahnbrücke zum Bahnhof Vaihingen geführt, wo auch die Linie U1 endet. Auf dem östlichen Abschnitt der U3 zwischen Möhringen und Plieningen begann bereits am 25. Juli 1983 der Probebetrieb mit den Stadtbahn-Prototypwagen im Mischbetrieb mit herkömmlichen GT4-Wagen, nachdem hier wieder ein 3-Schienen-Gleis verlegt worden war.

While the Vaihingen branch was electrified and equipped with 3-rail tracks for goods traffic in 1902, the route to Hohenheim was re-aligned with a 3-rail track further south along its present route and electrified in 1906.

After World War II, trams from Hohenheim to Möhringen used to continue on the branch to Echterdingen, but in 1965 they were diverted onto the Vaihingen loop, which ran via Möhringer Landstraße, Hauptstraße, Krehlstraße, Vollmoellerstraße, Vaihingen railway station and Emilienstraße, thus reaching every part of Vaihingen. The section between Plieningen and Hohenheim was abandoned in 1967 because there was no room in front of the Hohenheim Palace for the terminal loop necessary for the GT4 tram vehicles.

Prior to Stadtbahn operation, the section between Landhaus and Plieningen, which runs through woods and open fields, was doubled. At Vaihingen, the loop through the town centre was abandoned, and a new route was built from the bridge across the railway down to the railway station, where line U1 also terminates. On the eastern U3 section between Möhringen and Plieningen, trial runs with the Stadtbahn prototype cars began on 25 July 1983; these operated in mixed service with GT4 tram cars after a 3-rail track had once again been laid.

① **Jurastraße** > **Wallgraben** - U6-Doppeltraktion | *U6 4-car train.*
② **Landhaus** - Standort des Stuttgarter Pressehauses, Sitz mehrerer lokaler Zeitungen | *location of the Pressehaus, home to several local newspapers.*
③ **SSB-Zentrum** > **Vaihinger Straße** - Stadtbahn anfangs ohne ‚U'. - *Stadtbahn trains initially had no 'U' prefix.* (Foto © Matthias Frey)
④ **Plieninger Straße** - Haltestelle mitten in der Bebauung. - *stop between private properties.*

①

① **Vaihingen Bahnhof** - an der Westseite des S-Bahnhofs enden die Linien U1, U3 und U8 (zeitweise auch die U6); seit Ende 1987 ist die Station viergleisig. Die Bahnen aus Möhringen kommen am Mittelbahnsteig an, wo man bequem zu den abfahrenden Zügen der U1 umsteigen kann. Trotz der Unterführung, die sowohl die Bahnsteige der Stadtbahn als auch die der S-Bahn miteinander verbindet, können die Gleise der Stadtbahn auch an der Oberfläche überquert werden, wodurch auch ein behindertenfreundlicher Zugang gewährleistet ist.
- lines U1, U3 and U8 (at certain times even line U6) terminate at the western side of the S-Bahn station; the terminus was rebuilt with four tracks in 1987. The trains from Möhringen arrive at the island platform, thus allowing convenient transfer to line U1. Despite the existing underpass that links the Stadtbahn and the S-Bahn, the Stadtbahn tracks may also be crossed at grade, thus providing full accessibility.

② **Jurastraße** - die Haltestelle liegt direkt über den DB-Gleisen, die Bahnsteige können aus Platzgründen nicht für Doppeltraktionen verlängert werden, weshalb die U6 hier ohne Halt durchfährt.
- this stop lies directly above the DB tracks; there is no room to extend the platforms for 4-car trains, and line U6 therefore passes without stopping.

③ **Wallgraben** > **Jurastraße** - enger Bogen von der Eisenbahnüberführung zur geraden Strecke entlang der Ernsthaldenstraße.
- a tight curve linking the viaduct across the mainline to the straight route along Ernsthaldenweg.

④ **Wallgraben** - viele Gewerbebetriebe haben sich entlang der westlichen Filderquerlinie angesiedelt. Ein Abzweig von Wallgraben Richtung Dürrlewang ist wiederholt vorgeschlagen worden.
- a large business park has been established along the western U3; a branch from Wallgraben to Dürrlewang has repeatedly been proposed.

②

③

④

① **SSB-Zentrum** - Hauptquartier des Verkehrsbetriebs, Hauptwerkstatt und größter Stadtbahnbetriebshof.
- the transport operator's headquarters and the Stadtbahn's largest depot and workshop.

② **Plieninger Straße** > **Sigmaringer Straße** - gut ausgebaute Stadtbahnstrecke durch eine ruhige Einfamilienhaussiedlung.
- well-designed Stadtbahn route through a quiet neighbourhood.

③ **Salzäcker (SI-Erlebnis-Centrum)** - neben den typischen Einfamilienhäusern findet man hier auch einige Hochhäuser, und natürlich das SI-Centrum mit seinen Kongress- und Freizeiteinrichtungen (z.B. Musical-Theater und Casino).
- besides the typical single-family homes, several high-rise blocks of flats can be found here, plus, of course, the SI-Centrum with its congress and leisure facilities (e.g. musical theatre, casino, etc.).

④ **Plieningen** > **Landhaus** - auf 3 km, dem größten Stationsabstand im Stuttgarter Stadtbahnnetz, führt die Stadtbahnstrecke durch unbebautes Gebiet, erst durch den Weidachwald und dann das Heidfeld. Der Name der Station Landhaus geht auf ein ehemaliges Gasthaus an einer wichtigen Wegkreuzung zurück.
- a 3 km route, the longest interstation distance on the Stuttgart Stadtbahn, takes the Stadtbahn through forests (Weidachwald) and fields (Heidfeld). The name 'Landhaus' refers to an inn which used to be located at a once important road junction.

⑤ **Plieningen** - die Stadtbahn endet am Rand der Bebauung, das eigentliche Plieningen befindet sich etwa 1 km weiter südlich.
- the Stadtbahn terminates at the end of the built-up area; the actual town of Plieningen is approximately 1 km further south.

Talquerlinien – U5 U6 U7 U15

Pragsattel

Die Gruppe der Talquerlinien verläuft weitgehend in Nord-Süd-Richtung durch das Stadtzentrum und weist längere, völlig kreuzungsfreie Abschnitte auf. Während die Linien U5, U6 und U7 bis auf wenige ‚Schönheitsfehler' einen sehr hohen Ausbaustandard aufweisen, unterscheidet sich die erst kürzlich auf Stadtbahnbetrieb umgestellte Linie U15 durch ihre längere straßenbündige Strecke Richtung Geroksruhe. Alle mit Stadtbahnfahrzeugen befahrenen Strecken der Talquerlinien hatten von Anfang an Hochbahnsteige, so dass hier sofort Wagen ohne Klapptrittstufen eingesetzt werden konnten. Die Talquerlinien sind im Stadtzentrum nicht mit den Tallängs- und Diagonallinien verknüpft, es besteht dort auch keine Gleisverbindung. Berührungspunkte und Gleisverbindungen gibt es in Vaihingen und über die Linie U13.

Die Streckenführung der Talquerlinien durch das Stadtzentrum von der Heilbronner Straße über Hauptbahnhof und Schlossplatz zum Charlottenplatz wurde vom traditionellen Verlauf der Straßenbahnlinien beeinflusst. Gegen Ende der sechziger Jahre, als der Tunnel der Tallängslinien bereits weitgehend fertig gestellt war, stand der Begriff ‚U-Bahn' in Deutschland hoch im Kurs – also beschloss die Stadt 1969, die Talquerlinie von Anfang an als U-Bahn-Linie zu konzipieren, was vor allem Änderungen bei den Bahnhofsanlagen und beim Tunnelprofil (Einsatz von 2,90 m breiten Fahrzeugen) zur Folge hatte, jedoch nicht bei der Trassenführung durch die Innenstadt, die für eine moderne U-Bahn-Strecke sehr enge Radien aufweist, insbesondere zwischen Hauptbahnhof und Schlossplatz. Um teure Hausunterfahrungen zu sparen und da sich diese engen Radien im Einfahrtsbereich zu Haltestellen befinden, nahm man sie in Kauf. Die 2,3 km lange innerstädtische Tunnelstrecke, die größtenteils in offener Bauweise

The cross-valley lines run north-south through the city centre and have several long, totally grade-separated sections. Whereas lines U5, U6 and U7, except for some minor flaws, are high-standard light rail lines, the recently converted line U15 preserves longer on-street sections on its route to Geroksruhe. High platforms have been available on all cross-valley routes from the day Stadtbahn operation was started, thus enabling the use of rolling stock without folding steps from the very beginning. In the city centre, the cross-valley lines are not interlaced with the valley and diagonal lines, but there are connections at Vaihingen and via line U13.

The alignment of the cross-valley lines through the city centre, from Heilbronner Straße via Hauptbahnhof and Schlossplatz to Charlottenplatz, had been influenced by the traditional routes of several old tram lines. By the end of the 1960s, however, when tunnel construction for the valley lines was already well underway, 'U-Bahn' had become the key word in German transport planning, and the city decided therefore in 1969 to build the cross-valley route to full metro standard from the beginning. The decision brought modifications to the layout of the stations and the tunnel profile (for the use of 2.90 m wide rolling stock), but it did not change the alignment through the city centre, which for a modern metro route has some very tight curves, especially between Hauptbahnhof and Schlossplatz. The small radii are located next to stations, and were accepted as such to avoid the need to dig under buildings. The 2.3 km inner-city tunnel route, which was mostly built by cut-and-cover, was opened in various stages and initially used by trams:

entstand, wurde in mehreren Phasen im Straßenbahn-Vorlauf in Betrieb genommen:

- 17.05.1967: Rampe Planie – Charlottenplatz – Rampe Olgaeck
- 10.04.1976: Rampe Königstraße – Hauptbahnhof – provisorische Rampe Türlenstraße
- 28.07.1977: U Türlenstraße – Rampe Heilbronner Straße
- 20.11.1978: Zwischenstück mit U Schlossplatz

Für die gemeinsame Station der Talquer- und Diagonallinie am Hauptbahnhof unter dem Arnulf-Klett-Platz, wo außerdem gleichzeitig der S-Bahnhof entstand, wurde die Deckelbauweise angewandt. Wegen der großen Breite des Bauwerks von ca. 40 m liegen die Fertigteilträger auf einer mittleren Stützenreihe auf. Richtung Türlenstraße unterfahren die Gleise der Talquerlinie die der Diagonallinie. Für den Bau des Nord-Süd-Tunnels der Fernbahn wird es in den kommenden Jahren notwendig sein, die Tunnelstrecke Hauptbahnhof – Türlenstraße samt Abzweig der U12/U15 Richtung Milchhof bergmännisch neu zu bauen, wodurch sich eine verbesserte Trassenführung ergibt.

Vom Stadtzentrum sollte die Strecke ursprünglich durchgehend bis Degerloch im Tunnel verlaufen. Zwischen Charlottenplatz und Bopser war dafür der Zwischenbahnhof Alexanderstraße geplant. Die heute für die abzweigende Linie U15 erforderliche Tunnelausfahrt wäre damals weggefallen, da die Linie 15 zur Ruhbank ohnehin auf Busbetrieb umgestellt hätte werden sollen. Bis zur Fertigstellung des Abzweigs nach Sillenbuch musste diese Trasse jedoch erhalten bleiben, weshalb die Bahnen Richtung Degerloch vorerst über eine Rampe im Bereich Alexanderstraße in den neuen Tunnel eintauchen sollten. Wegen heftiger Proteste der Anwohner in der Hohenheimer Straße, die nach dem Wegfall der oberirdischen Straßenbahnstrecke einen Anstieg des Autoverkehrs befürchteten, verzichtete man 1979 vorerst auf den Tunnelabschnitt Charlottenplatz – Bopser, was dazu führte, dass sonst fast auf U-Bahn-Standard verkehrende Bahnen heute auf einem kurzen Abschnitt alle 3-4 Minuten die Straßenfahrbahn mitbenützen müssen. Ein ausgeklügeltes Lichtsignalsystem ermöglicht weitgehend freie Fahrt auf dieser Strecke.

Für die Trasse zwischen Bopser und Degerloch wurden mehrere Alternativen geprüft. Die seit 1904 bestehende und mehrfach ausgebaute straßenbündige Strecke mit ihrer beliebten Aussicht über den Talkessel konnte bei dem ständig steigenden Autoverkehr nicht in das Stadtbahnkonzept übernommen werden. Schließlich entschied man sich für die sog. ‚Fenstertrasse', also eine weitgehend unterirdische Streckenführung zwischen Bopser und Degerloch mit großzügigen Radien, die von einer 650 m langen offenen Strecke in Hanglage neben der Bundesstraße unterbrochen wird. Dabei muss ein Höhenunterschied von 130 m überwunden werden. Noch knapp 20 m höher steigt die im Tunnel kreuzungsfrei abzweigende Strecke der U7 Richtung Ruhbank (477 m über N.N.), die allerdings erst elf Jahre später, nämlich 1998, in Betrieb genommen wurde.

Der Tunnel ‚Neue Weinsteige' vom Bopser bis zum Fenster Altenbergstaffel ist 1285 m lang und wurde in bergmännischer Bauweise (NÖT - Neue Österreichische Tunnelbauweise oder Spritzbetonbauweise) errichtet. Die anschließende 650 m langen Fensterstrecke wird durch einen kurzen, ca. 75 m langen Tunnel unterbrochen. Kurz nach diesem Tunnel mündet niveaugleich die von der U8 nun im Linienbetrieb benutzte Verbindungskurve ein. Die Strecke vom Bopser bis kurz vor der Haltestelle Weinsteige (damals Waldau) konnte ab 26. Sept. 1987 im Straßenbahn-Vorlaufbetrieb genutzt werden, die Straßenbahnen wurden über eine provisorische Rampe auf die alte straßenbündige Trasse geleitet.

Direkt an der Haltestelle Weinsteige beginnt der 1100 m lange Tunnel ‚Obere Weinsteige' mit dem U-Bahnhof Deger-

Eugensplatz > Heidehofstraße

- 17 May 1967 - ramp Planie – Charlottenplatz – ramp Olgaeck
- 10 April 1976 - ramp Königstraße – Hauptbahnhof – temporary ramp Türlenstraße
- 28 July 1977 - underground station Türlenstraße – ramp Türlenstraße
- 20 Nov 1978 - intermediate section including Schlossplatz station.

The underground station complex in front of the railway station Hauptbahnhof (Arnulf-Klett-Platz), which includes platforms for the cross-valley and diagonal lines as well as for the S-Bahn, was built using the so-called 'top-down method', with the station ceiling being built first. Due to the large width of up to 40 m, the prefabricated beams rest on a central row of supporting pillars. Leaving the station towards Türlenstraße, the cross-valley route burrows beneath the diagonal route. To allow for the construction of the new north-south mainline tunnel, the section Hauptbahnhof – Türlenstraße of the cross-valley route will have to be totally rebuilt. The new route will include a grade-separated junction for the future U12/U15 route towards Milchhof. These new underground sections will be built using the NATM (New Austrian Tunnelling Method).

From the city centre, the route was initially meant to run underground all the way to Degerloch, and between Charlottenplatz and Bopser an intermediate underground station called Alexanderstraße was planned. The present ramp for the diverging U15 was to be closed as line 15 was to be replaced by buses anyway, but until the new branch to Sillenbuch had been completed, this route was to remain in service, and for the time being, trains to Degerloch were to re-enter the tunnel via a ramp at Alexanderstraße. After heavy protests from the residents of Hohenheimer Straße, who feared that car traffic would increase once the trams had been put underground, the tunnel between Charlottenplatz and Bopser was shelved in 1979. As a result, the almost metro-like lines now have to share the road lanes on a short stretch. A sophisticated traffic light system allows trains to run every 3-4 minutes without interfering too much with road traffic.

Several options were examined for the section between Bopser and Degerloch. The on-street route, which had opened in 1904 and provided a great view across the city centre, had been upgraded time and again, but because of the increasing car traffic, it could not be incorporated into the new Stadtbahn scheme. Eventually, the so-called 'window route' was chosen, an alignment which runs mostly underground with

U7 Ostfildern – Technische Akademie

loch. Der erste 700 m lange Abschnitt wurde bergmännisch, teils unter bebautem Gebiet aufgefahren, die Station Degerloch wurde in Deckelbauweise und der restliche Tunnel bis zur Rampe Albstraße in offener Bauweise errichtet. Der Degerlocher Tunnel wurde am Tag der Umstellung der Linien U5 und U6 auf Stadtbahnbetrieb, am 3. Nov. 1990, eröffnet.

Als nächster Schritt wurde die Linie U6 in mehreren Schritten von Feuerbach bis Gerlingen verlängert (▶ S. 84) und im Frühjahr 1990 auch mit dem erst später in die Planungen aufgenommenen Abzweig zum Killesberg begonnen (▶ U7 ab S. 92).

Nach Vollendung der Linie U7 nach Ostfildern im Jahr 2000 und nach erfolgtem Umbau des mittleren und südlichen Abschnitts der Linie 15 auf Stadtbahnbetrieb im Dezember 2007 (▶ U15 Seite 100), wird es bei den Talquerlinien in den nächsten Jahren drei weitere Projekte geben:

1) Stadtbahngerechter Ausbau der **U15-Nord** von Zuffenhausen bis Stammheim (5,8 km), beschlossen am 2. Juli 2002 (geplante Inbetriebnahme 2010):
nach dem Abzweig von der U5 wird die U15 über eine Rampe, auf der die Haltestelle Rathaus Zuffenhausen oberirdisch mit Seitenbahnsteigen errichtet wird, in einen 490 m langen, in offener Bauweise (Halbdeckelbauweise) zu errichtenden Tunnel unter der Unterländer Straße abtauchen. Für den Bau der Rampenhaltestelle werden mehrere Gebäude am östlichen Rand der Ludwigsburger Straße abgetragen. Östlich der Kirchtalstraße entsteht in einfacher Tiefenlage die gleichnamige unterirdische Station mit einem 40 m langen (später bei Bedarf auf 80 m verlängerbaren) Mittelbahnsteig, der ohne Zwischengeschoss vom Mittelstreifen der Unterländer Straße erreichbar sein wird, im Westen durch Festtreppen und eine Fahrtreppe, im Osten über eine Rampe. Mittig wird ein Aufzug eingebaut. Durch zwei Öffnungen in der Decke wird zusätzliches Tageslicht in den U-Bahnhof kommen.

Westlich der Kirchtalstraße folgt ein bergmännisch aufgefahrener 580 m langer Tunnel unter der Güglinger Straße und den Gleisen der Fern- und S-Bahn, der direkt in die Haltestelle Salzwiesenstraße in der Stammheimer Straße mündet. Ab der Haltestelle Heutingsheimer Straße steht kein eigener Bahnkörper zur Verfügung, die Trasse verläuft also weiterhin straßenbündig bis zur neuen Endstelle am Freihofplatz vor dem Rathaus Stammheim, wofür mehrere Gebäude abgerissen werden müssen.

2) **U6-Verlängerung** nach Fasanenhof Ost (2010):
So alt wie die Siedlung Fasanenhof selbst ist die Überlegung das Neubaugebiet aus den sechziger Jahren an das Stadtbahnnetz anzuschließen. Die an der Strecke nach Leinfelden gelegene Haltestelle Weibel wurde beim Umbau zur Stadtbahn aufgegeben,

large curves, but with a 650 m long open section parallel to the Neue Weinsteige road. Between Bopser and Degerloch, the Stadtbahn trains have to climb 130 m - the route to Ruhbank (477 m above sea level), which diverges underground in a grade-separated junction and was opened 11 years later in 1998, goes up 20 m higher.

The Neue Weinsteige tunnel from Bopser up to the open section at Altenbergstaffel is 1285 m long and was built using the NATM (also referred to as the 'shotcrete method'). The following 'window' is split into two sections by a short 75 m tunnel. Just after this tunnel, an interconnecting tunnel only regularly used by line U8 joins the main route in a flat junction. The route between Bopser and a point just before Weinsteige station (then called Waldau) was brought into service on 26 Sept 1987 and initially used by trams, which were diverted onto the existing on-street tracks via a temporary ramp.

The 1100 m Obere Weinsteige tunnel, which includes Degerloch station, starts right at Weinsteige station. The first 700 m section, part of which runs beneath a built-up area, was again built using the NATM, but at Degerloch station the top-down method was used, and for the rest of the tunnel, conventional cut-and-cover techniques were applied. The Obere Weinsteige tunnel was brought into service on 3 Nov 1990, the day lines U5 and U6 began operating as Stadtbahn lines.

The next steps were the extension of line U6 in various stages from Feuerbach to Gerlingen (▶ p. 84), and the construction of a later added branch to Killesberg, which began in spring 1990 (▶ p. 92).

With the completion of line U7 to Ostfildern in 2000 and the conversion of the central and southern sections of line 15 to Stadtbahn operation in Dec 2007 (▶ p. 100), three more projects concerning the cross-valley lines are now underway:

1) Upgrading to Stadtbahn standard of the ***northern U15*** *between Zuffenhausen and Stammheim (5.8 km), decided upon on 2 July 2002 for completion in 2010:*
after diverging from the U5 route, the future U15 will enter a 490 m cut-and-cover tunnel along Unterländer Straße. The surface stop Rathaus Zuffenhausen will be located on the ramp and have side platforms. For the construction of the ramp, several buildings on the eastern side of Ludwigsburger Straße will have to be demolished. East of Kirchtalstraße, an underground station of the same name will be built on level -1; the island platform, which will only be 40 m long (extendible to 80 m), will be accessible from the middle strip of Unterländer Straße, at the western end via stairs and escalators, and at the eastern end via a ramp. In the middle there will also be a lift. Two skylights will bring daylight into the station.

West of Kirchtalstraße, the route continues underground through a 580 m tunnel excavated using the NATM. It runs beneath Güglinger Straße and the mainline and S-Bahn tracks before surfacing directly at the Salzwiesenstraße stop on Stammheimer Straße. Beyond the Heutingsheimer Straße stop, there is no room for a reserved right-of-way, and the Stadtbahn will therefore continue on tracks embedded in the roadway up to its terminus at Freihofplatz, next to the Stammheim town hall, where several buildings will have to be demolished.

2) ***U6 extension*** *to Fasanenhof Ost (2010):*
Ever since the neighbourhood Fasanenhof was built in the 1960s, a Stadtbahn link has been planned. The former tram stop Weibel on the line to Leinfelden was cancelled when the route was upgraded to Stadtbahn, as it was too far from the built-up area. An expanding business park, plus the option for an extension to the new fairgrounds next to the airport, have brought the 2.75 km extension back onto the table. Pre-

weil sie zu weit abseits der Bebauung kaum genutzt worden war. Die verstärkte Ansiedlung von Gewerbebetrieben, u.a. eines großen Energiekonzerns, sowie die Möglichkeit einer Weiterführung zur Neuen Landesmesse am Flughafen haben eine 2,75 km lange Verlängerung der U6 nun wieder auf den Tisch gebracht. Die vorbereitenden Baumaßnahmen begannen 2007, der eigentliche Baustart wird in naher Zukunft erwartet. Die neue Trasse wird etwa 500 m nach der Haltestelle Möhringen Freibad, kurz vor der Autobahnbrücke der U5, nach Osten abzweigen und entlang eines freigehaltenen Streifens (Janusz-Korczak-Weg) durch das Wohngebiet Fasanenhof verlaufen. Am westlichen Rand ist eine offene Station Bonhoefferkirche im Einschnitt am Schnittpunkt mit der Fasanenhofstraße geplant. Auch die zentrale Haltestelle Europaplatz wird nach oben hin offen gestaltet. Der dazwischen liegende Tunnel wird in offener Bauweise in einfacher Tiefenlage gebaut. Östlich der Station Europaplatz taucht die Stadtbahn in einen bergmännisch aufzufahrenden Tunnel unter der B27 ein und erreicht an der unterirdischen Haltestelle Eichwiesenring (mit Deckenöffnung ähnlich Sillenbuch) das Gewerbegebiet Fasanenhof Ost. Unmittelbar im Anschluss an diese Station kommt die U6 über eine Rampe an die Oberfläche und endet am Ende der Schelmenwasenstraße. Die Fortführung zum Messegelände und eventuell sogar bis Neuhausen ist noch ungewiss.

3) **U12** Löwentor – Hallschlag – Münster – Hofen:
diese seit Langem geplante Linie wurde im Zusammenhang mit der Bebauung des Güterbahnhofareals nördlich des Hauptbahnhofs konzipiert, ihre Verwirklichung war aber lange vom Umbau des Hauptbahnhofs (*Stuttgart 21*), der nun im Juli 2007 grünes Licht bekam, abhängig. Die Trasse der U12, die auch von der U15 benutzt werden wird, fädelt nördlich des Hauptbahnhofs kreuzungsfrei aus der neu zu bauenden Tunnelstrecke der U5/U6/U7 vor dem U-Bahnhof Türlenstraße aus und schwenkt nach Osten, wo sie am Budapester Platz eine oberirdische Haltestelle bedienen wird. Nachdem sie die Wolframstraße auf einer Brücke überquert hat, soll sie auch am Milchhof, wo erst im Dezember 2007 eine neue Haltestelle in Betrieb genommen worden war, in Tieflage halten und schließlich an der Kreuzung mit der Eckartstraße die heutige Trasse in der Nordbahnhofstraße erreichen. An der Kreuzung am Löwentor wurden beim Umbau der U15 bereits die Gleise für die U12 mitgebaut und ein Gleis einige hundert Meter in die Löwentorstraße verlängert. Hier beginnt die Neubaustrecke, die entlang der Löwentorstraße bis zur Straße Hallschlag verlaufen soll. Daran anschließend ist ein 600 m langer Tunnel mit der nach oben offenen Station Bottroper Straße geplant. Im Bereich der Aubrücke, westlich der U14-Haltestelle Elbestraße, würde die U12 auf die bestehende Strecke Richtung Remseck treffen. Die U14 könnte in Zukunft in Hofen (Max-Eyth-See) enden. Derzeit gibt es keine konkreten Termine für den Bau der U12.

liminary work started in spring 2006, and proper construction is expected to begin in the near future. The new branch will diverge from the present U5 route some 500 m south of the Möhringen Freibad stop, just before line U5 crosses the A8 motorway. It will run through the Fasanenhof neighbourhood, taking advantage of a green strip along Janusz-Korczak-Weg. At the western side, an open station in a cutting, called Bonhoefferkirche, is planned where the route crosses Fasanenhofstraße. The centrally located station Europaplatz will also be open. The tunnel between these two stations will be built by cut-and-cover. East of Europaplatz, the NATM will be used to excavate the tunnel beneath the B27 dual carriageway. The underground station Eichwiesenring, which lies in the business park Fasanenhof Ost, will have openings in the ceiling, similar to Sillenbuch station. Just after this station, line U6 will resurface before terminating at the end of Schelmenwasenstraße. A further extension to the fairgrounds or even to Neuhausen is awaiting approval.

*3) **U12** Löwentor – Hallschlag – Münster – Hofen:*
this new route has been planned for a long time in conjunction with the redevelopment of the former freight rail yard north of the central station; the project had been pending for a long time, awaiting a final decision about the reconstruction of the railway station ('Stuttgart 21'), which eventually got the final go-ahead in July 2007. The U12 route, which will be shared by line U15, will diverge in a grade-separated junction from the new cross-valley route for lines U5-U7 just before Türlenstraße station. It will turn east and serve a surface station called Budapester Platz. After crossing Wolframstraße on a bridge, it is planned to stop on level -1 at Milchhof, where a new station was only brought into service recently, before joining the present alignment along Nordbahnhofstraße at Eckartstraße. Tracks for line U12 are already in place at the Löwentor road junction, having been added during the upgrading of line U15. A single track was extended several hundred metres along Löwentorstraße. From here, a new Stadtbahn section is planned up to Hallschlag road. Beyond that point, a 600 m tunnel with the open station Bottroper Straße may follow. Near Aubrücke, west of the present U14 stop Elbestraße, line U12 would join the Stadtbahn route to Remseck. The present line U14 could then terminate at Hofen (May-Eyth-See). As yet, no dates for the construction and completion of line U12 are known.

① U6 **Löwentorbrücke** > **Pragsattel** (77-m-Zug | *77 m train*)
② U5 **Degerloch Albstraße** - eigener Bahnsteig zwischen Albstraße und Peregrinastraße für endende Züge.
- separate platform between Albstraße and Peregrinastraße for terminating trains.

Charlottenplatz

U5 Mönchfeld – Degerloch – Leinfelden

Die Stadtbahnlinie U5 ging gemeinsam mit der U6 am 3. November 1990 in Betrieb. Derzeit verkehrt die U5 nur mit Kurzzügen (ein DT), da auf den Außenästen die Bahnsteige bisher nur 40 m lang sind. Bis 2010 sollen diese auf der nördlichen Strecke zwischen Sieglestraße und Mönchfeld für 77-m-Züge verlängert werden und dieser Ast an den Südast der U7 nach Ostfildern angeschlossen werden. Statt wie jetzt die U7 würde dann die U5 von Leinfelden mit Kurzzügen auf den Killesberg fahren, da dort nach Umzug der Messe zum Flughafen im November 2007 selten Bedarf für Langzüge besteht. Bis zu dieser Umstellung, die mit der Inbetriebnahme der Stadtbahnstrecke nach Stammheim zusammenfallen soll, wird zur Verstärkung die U15 in den Hauptverkehrszeiten vom Kelterplatz in Zuffenhausen bis Mönchfeld durchgebunden.

Im Süden fährt die U5 nur alle 20 Minuten bis Leinfelden durch, Montag bis Freitag tagsüber bis 16 Uhr endet jeder zweite Zug in Degerloch Albstraße (zur Weiterfahrt ist der Fahrplan mit dem der U8 abgestimmt) und danach in Möhringen Bahnhof.

Der südliche Ast der heutigen Linie U5 war einst ein wesentlicher Bestandteil der *Filderbahn*, die ab 1888 von der Bergstation der Zahnradbahn in Degerloch nach Möhringen (und weiter nach Plieningen/Hohenheim) auf Schmalspurgleisen als Dampfstraßenbahn fuhr. 1897 folgte der Ast nach Echterdingen und weiter nach Neuhausen. Die Strecke führte anfangs direkt von Unteraichen nach Echterdingen. 1902 wurde vor allem zur Verbesserung der Güterverkehrs der Abschnitt Degerloch – Möhringen mit 3-Schienen-Gleis ausgerüstet und elektrifiziert, der Abschnitt Möhringen – Echterdingen – Neuhausen wurde auf Normalspur umgebaut. 1920 wurde die Verbindungsstrecke von Unteraichen zum neuen Bahnhof Leinfelden in Betrieb

Line U5 began Stadtbahn operation together with line U6 on 3 November 1990. At present, line U5 is only operated with short trains (one 2-car unit), because on the outer sections the platforms are only 40 m long. By 2010, the stops along the northern section between Sieglestraße and Mönchfeld will have been extended to allow the use of 77 m trains, and this section will then be linked to the southern U7 branch to Ostfildern. The short trains from Leinfelden, now the U5, will then serve the Killesberg branch, which has rarely needed long trains since the exhibition centre [Messe] moved to new facilities near the airport in November 2007. Until this line change, which is to coincide with the completion of the U15 route to Stammheim in 2010, can occur, line U15 is extended from Zuffenhausen Kelterplatz to Mönchfeld during peak hours.

On its southern leg, line U5 only runs through to Leinfelden every 20 minutes. From Monday to Friday until 16:00, every other train terminates at Degerloch Albstraße (the timetable is co-ordinated with that of line U8), whereas at other times it continues to Möhringen Bahnhof.

The southern route of line U5 used to be an integral part of the Filderbahn, which from 1888 ran on narrow-gauge tracks from Degerloch to Möhringen (and from there to Plieningen/Hohenheim) using steam traction. In 1897, a branch to Echter-

U5
21,4 km (ca. 4,8 km unterird. | *underground*)
35 Haltestellen | *Stops* (5 unterird. | *underground*)

Beginn des Stadtbahnbetriebs | *Start of Stadtbahn operation*

03-11-1990 Freiberg – Pragsattel – Möhringen – Leinfelden
11-12-2005 Freiberg – Mönchfeld

genommen, und der übrige Abschnitt nach Neuhausen gleichzeitig an die neue Reichsbahnstrecke von Vaihingen (siehe S-Bahn) angeschlossen. Zwischen Möhringen und Leinfelden wurde der Personenverkehr jedoch bereits 1922 wegen geringer Nachfrage eingestellt. Fünf Jahre danach wurde die Strecke als meterspurige, elektrifizierte Überlandstraßenbahn allerdings wieder in Betrieb genommen, und 1928 auf einer neuen Trasse bis Echterdingen verlängert.
Ab 1904 hatten die Filderbahnen neben der Zahnradbahn auch über die ‚Neue Weinsteige-Linie' von Degerloch bis Bopser Anschluss an das Stuttgarter Straßenbahnnetz bekommen, bis 1920 jedoch ohne direkte Gleisverbindung. Auch wenn bereits damals eine Straßenbahnlinie 5 über die Neue Weinsteige bis Degerloch kam, wurde der Filderbahn-Ast nach Leinfelden und Echterdingen von 1964 bis zur Umstellung auf Stadtbahnbetrieb von der Linie 6 bedient. Zwischen 1949 und 1964 verkehrte eine direkte Linie (31, später 32) zwischen Echterdingen und Hohenheim.

Im Norden fuhr die Straßenbahn bereits ab 1909 über Nordbahnhof nach Zuffenhausen. Die als Linie 15 bezeichnete Strecke gehörte zu den ‚Stuttgarter Vorort-Straßenbahnen'. Ab 1927 erreichten die Bahnen Zuffenhausen über die kürzere Strecke via Löwentorbrücke entlang der Heilbronner Straße. Die Strecke von Zuffenhausen zum Bahnhof Zazenhausen im im seinerzeit neu entstandenen Ortsteil Rot wurde hingegen erst 1954 eröffnet und 1970, bereits weitgehend stadtbahnmäßig trassiert, bis Freiberg verlängert. Dieser Ast wurde bis zur Umstellung auf Stadtbahnbetrieb im Jahr 1990 von der Linie 15 bedient, während die Linie 5 Richtung Stammheim unterwegs war. Am 11. Dezember 2005 wurde die U5 schließlich um 650 m zu ihrem heutigen Endpunkt Mönchfeld verlängert. Dazu wurde die Strecke ab der Haltestelle Suttnerstraße statt wie bisher in Hanglage direkt neben der Mönchfeldstraße neu trassiert und die Haltestelle Freiberg somit näher an die Bebauung gerückt. Eine weitere Verlängerung bis Mühlhausen (U14) ist seit Längerem geplant.

Die ehemalige Straßenbahnstrecke Leinfelden – Echterdingen verlief weitgehend parallel zur S-Bahn und wurde deshalb nicht zur Stadtbahn umgebaut, obwohl ihre Trasse größtenteils auf eigenem Bahnkörper lag. Ein Wiederaufbau dieser Strecke wird immer wieder gefordert.

Für den Stadtbahnbetrieb wurde der letzte Abschnitt im Bereich Rohrer Weg zweigleisig ausgebaut; die ehemalige Haltestelle Weibel (kurz vor der Autobahn) wurde aufgegeben. Die U5 schwenkte anfangs auf die direkt westlich neben der Straßenbahnbrücke über die Autobahn A8 liegende Straßenbrücke, bis die eigene Stadtbahnbrücke am 31. Juli 1993 in Betrieb genommen werden konnte.

Möhringen Freibad > Frank - Autobahnübergang | *motorway bridge*
(Sonderfahrt | *Special ride* 20-12-1986, Foto © Uli Leibfarth)

dingen and Neuhausen was added. Initially, the route ran directly from Unteraichen to Echterdingen. To improve freight traffic, the Degerloch – Möhringen section was equipped with 3-rail tracks in 1902 and electrified, whereas the Möhringen – Echterdingen – Neuhausen section was only rebuilt with standard gauge. In 1920, the link between Unteraichen and Leinfelden was opened, and the remaining section to Neuhausen was linked to a new mainline branch from Vaihingen built by the Reichsbahn (see S-Bahn). In 1922, however, passenger transport was suspended between Möhringen and Leinfelden, due to low demand. Only five years later, the route was once again regauged to metre gauge and re-opened as an electrified interurban tram line. In 1928, it was extended to Echterdingen on a new alignment.

The Filderbahn routes had been linked to Stuttgart's urban tramway system by the rack railway, but in 1904 a second link, the Neue Weinsteige line between Bopser and Degerloch, was added; there was no direct track link, though, until 1920, when line 5 started to serve this route. The branch to Leinfelden and Echterdingen was part of line 6 from 1964 until its conversion to Stadtbahn in 1990. Between 1949 and 1964, a direct line (31, later 32) operated between Echterdingen and Hohenheim.

At line 5's northern end, tramways have been running via Nordbahnhof to Zuffenhausen since 1909. The former line 15 was part of the 'Stuttgarter Vorort-Straßenbahnen' [suburban tramways]. Since 1927, trams have reached Zuffenhausen on a more direct route along Heilbronner Straße via Löwentorbrücke. The section between Zuffenhausen and Zazenhausen railway station in the emerging suburb of Rot was only opened in 1954 and extended on a Stadtbahn-like route to Freiberg in 1970. This branch was served by line 15 up to its conversion to Stadtbahn, while line 5 was running on the route to Stammheim. On 11 Dec 2005, line U5 was finally extended by 650 m to its present terminus at Mönchfeld. To enable this to be done, the route was re-aligned between Suttnerstraße and Freiberg by moving the tracks up the hill alongside Mönchfeldstraße, thus also bringing Freiberg station closer to the buildings it serves. A further extension to meet line U14 has been proposed for a long time.

The former tramway route Leinfelden – Echterdingen mostly ran parallel to the S-Bahn and was therefore not upgraded to Stadtbahn operation, even though its alignment was largely on a separate right-of-way. Its reconstruction has repeatedly been postulated.

For Stadtbahn operation, a remaining single-track section near Rohrer Weg had to be doubled; a former stop called Weibel (just north of the A8 motorway) was cancelled. The dedicated bridge across the motorway was completed on 31 July 1993; prior to that, line U5 had to use the road bridge adjacent to the former tram bridge.

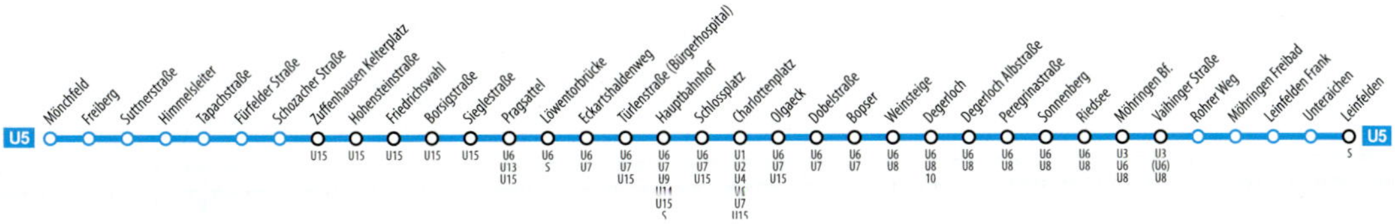

① **Mönchfeld** - trotz Planungen seit den achtziger Jahren wurde die U5 erst am 11. Dezember 2005 bis Mönchfeld verlängert. Eine weiterhin vorgesehene Fortführung bis Mühlhausen ist jedoch vom derzeitigen Endbahnsteig nicht möglich.
- despite plans dating back to the 1980s, line U5 was only extended to Mönchfeld on 11 Dec 2005. A further extension to Mühlhausen is not possible from the present island platform.

② **Freiberg** - neuer Bahnsteig von 2005 auf Höhe der Mönchfeldstraße – früher endete die Stadtbahn links einige Meter weiter unten ⑤.
- new platform from 2005 alongside Mönchfeldstraße – previously the Stadtbahn used to terminate on the left side, some metres further down the hill ⑤.

③ **Suttnerstraße** - im Hochhausgebiet Freiberg aus den frühen siebziger Jahren. Im Vordergrund ist genügend Platz für eine Bahnsteigverlängerung vorhanden.
- in a neighbourhood from the early 1970s characterised by high-rise blocks of flats. In the foreground sufficient space is available to extend the platforms.

④ **Tapachstraße** > **Himmelsleiter** (bis | *until* 2005 Landesversicherungsanstalt) - typisches Rasengleis in Seitenlage durch den Ortsteil Rot.
- typical grass-covered right-of-way through the district of Rot.

⑤ **Freiberg** (2004) - frühere Endstelle der Linie U5 einige Meter unterhalb der heutigen Haltestelle, mit einer Buswendeschleife direkt daneben. Der Bahnsteig war vom Wohngebiet über eine Unterführung unter der Mönchfeldstraße erreichbar.
- former U5 terminus, some metres below the present station, with a bus loop adjacent to it. The platfrom used to be accessible from the neighbourhood via an underpass below Mönchsfeldstraße.

① **Zuffenhausen Kelterplatz** - bis 2010 vorübergehender Endpunkt der U15, danach wird sie im Hintergrund rechts im Tunnel verschwinden.
- the temporary terminus of line U15 until 2010, after which it will enter a new tunnel, which will lie in the background on the right.
② **Hohensteinstraße** - im Vordergrund sind die bis Dezember 2007 benötigten Niedrigbahnsteige für die Linie 15 zu sehen.
- in the foreground, the low platforms that were necessary for line 15 until Dec 2007 are still visible.
③ **Friedrichswahl** - im Hintergrund sieht man die als Vorleistung für ein Schnellstraßenprojekt gebaute Brücke, die in den nächsten Jahren abgerissen werden soll; statt des Baus der Umgehungsstraße wird die Heilbronner Straße nun sechsspurig ausgebaut. Zwischen Friedrichswahl und Rathaus war Ende der siebziger Jahre kurzzeitig geplant, die Stadtbahn unterirdisch über den Bahnhof Zuffenhausen zu führen.
- the road bridge in the background was once part of a wider bypass scheme – it will be demolished, and instead, Heilbronner Straße is being widened with six lanes. During the late 1970s, there were plans for an underground Stadtbahn route between Friedrichswahl and Rathaus via Zuffenhausen railway station.
④ **Borsigstraße** + ⑤ **Sieglestraße**
- im Zuge des sechsspurigen Ausbaus der Heilbronner Straße muss die Trasse der Stadtbahn zwischen Tunnelausfahrt Pragsattel und Friedrichswahl teilweise verlegt werden. Gleichzeitig werden die Bahnsteige für Doppeltraktionen verlängert.
- in conjunction with the widening of Heilbronner Straße to six lanes, the Stadtbahn route has to be partly re-aligned between Pragsattel and Friedrichswahl. At the same time the platforms will be lengthened to accommodate 4-car trains.

① **Pragsattel** - die beiden Nordäste der Talquerlinien laufen in dieser Station, die 1990 in mehreren Phasen in Betrieb genommen wurde, kreuzungsfrei zusammen. Die Verzweigung Richtung Stadtzentrum bzw. Bad Cannstatt ist hingegen niveaugleich ausgeführt. Die U6 benutzt mit Langzügen nur den Mittelbahnsteig, während die anderen Linien die Türen beidseitig öffnen. Der Niedrigbahnsteig ist mit Umstellung der Line 15 auf Stadtbahnbetrieb überflüssig geworden und kann erhöht werden (▶ S. 60, 68 und 104).

- the two northern branches of the cross-valley lines join here in a grade-separated junction, which was brought into service in various stages in 1990. Towards the city centre and Bad Cannstatt, the four lines diverge in a flat junction. Line U6 is mostly operated with long trains and therefore uses the island platform, whereas the other lines open their doors on both sides. The low platform section has become redundant since line 15 was converted to Stadtbahn operation, and it can thus also be raised (▶ p. 60, 68 & 104).

② **Löwentorbrücke** > **Pragsattel** - die Linien U5 und U6 fahren entlang der Heilbronner Straße fast kreuzungsfrei.

- lines U5 and U6 run on an almost grade-separated route along Heilbronner Straße.

③ **Löwentorbrücke** - Eine lange Fußgängerbrücke aus der Zeit der IGA 1993 verbindet die Haltestelle Löwentorbrücke mit dem nördlichen Ende des Bahnsteigs des S-Bahnhofs Nordbahnhof (▶ S. 132).

- From Löwentorbrücke station, a long pedestrian bridge leads to the northern end of Nordbahnhof S-Bahn station (▶ p. 132).

④ **Eckartshaldenweg (Pragfriedhof)** - zum einfacheren Umsteigen zur Killesberg-Linie wurde diese Station mit einem Mittelbahnsteig gebaut, der stadtseitig durch eine Unterführung zugänglich ist. Am nördlichen Ende liegt ein Bahnübergang; daran anschließend fädelt die U7 niveaugleich Richtung Killesberg aus (▶ S. 95). Nördlich der Haltestelle liegt mittig ein Abstellgleis.

- for convenient transfer to the Killesberg branch, this station was built with an island platform, which is accessible from an underpass at the southern end. At the northern end, there is a pedestrian level crossing. Line U7 diverges here in a flat junction towards Killesberg (▶ p. 95). North of the station, there is a central siding.

① **Türlenstraße** > **Eckartshaldenweg** - die Lage der Rampe wurde so gewählt, dass auch die Strecke über Pragfriedhof und Nordbahnhof an den Tunnel angeschlossen werden konnte (▶ S. 104).

- the location of the ramp was chosen to also allow the route that runs via Pragfriedhof and Nordbahnhof to be connected (▶ p. 104).

②③ **Türlenstraße (Bürgerhospital)** - diese Station liegt eigentlich nicht unterirdisch, sondern in Hanglage, weshalb sie nach Osten hin offen ist. Hier erstreckt sich seit Jahren eine riesige Brache auf dem Gelände des ehem. Güterbahnhofs, die demnächst im Rahmen des Projekts ‚Stuttgart 21' bebaut werden soll. Zu dieser Seite gibt es bereits einen Ausgang direkt vom stadtauswärtigen Bahnsteig, der allerdings derzeit nicht genutzt wird. (▶ S. 95)

- because this station does not actually lie underground, but on a slope, it is open on the eastern side, towards the wasteland on the terrain of the former goods station, which is to be redeveloped in the near future as part of the 'Stuttgart 21' scheme. There is an exit to this area from the outbound platform, but it is currently closed. (▶ p. 95)

④ **Hauptbahnhof (Arnulf-Klett-Platz)** - die Gleise der Talquerlinien liegen in dieser Doppelhaltestelle südwestlich parallel zur U9/U14. Sie sind wegen der engen Kurve Richtung Schlossplatz bereits im Bahnsteigbereich etwas gekrümmt. Im Vordergrund sind die Niedrigbahnsteige für die ehemalige Linie 15 zu sehen, die für die Museumstraßenbahnen erhalten bleiben sollen. Am Mittelbahnsteig rechts kann man direkt zu den Linien U9 (Hedelfingen, ▶ S. 54) und U14 (Remseck) umsteigen. Am nordwestlichen Bahnsteigende führen Aufzüge direkt zum darunterliegenden S-Bahnsteig.

- in this shared station, the cross-valley tracks lie parallel to those of lines U9/U14 at the southwestern side. Due to the tight curve towards Schlossplatz, the platforms are also somewhat crooked. The low platform sections in the foreground were used by the former tram line 15; they may be preserved to provide access to the heritage tramways. The island platform on the right provides convenient transfer to lines U9 (direction Hedelfingen, ▶ p. 54) and U14 (direction Remseck). From the northwestern end of the platforms, direct lifts lead down to the S-Bahn platform.

①

① - ④ **Schlossplatz** - der Schlossplatz ist der zentrale Platz in Stuttgart, zwischen Königsbau ① und Neuem Schloss gelegen, etwa in der Mitte der Königstraße, Stuttgarts Haupteinkaufsstraße, die den Hauptbahnhof mit dem U-Bahnhof Rotebühlplatz verbindet.
Der U-Bahnhof Schlossplatz ist leicht gekrümmt, er hat ein Zwischengeschoss im mittleren Bereich mit drei Aufgängen an die Oberfläche, wovon einer in den Königsbau integriert ist. Zeitweise war auf den Stationsschildern der Zusatz ‚Börse' zu sehen. Trotz seiner runden Deckenform, die den unterirdischen Charakter verstärken soll, wurde der Bahnhof in offener Bauweise errichtet. Die Wände sind mit kleinteiligen Fliesen (rundem Knopfmosaik) ähnlich wie im U-Bahnhof Maybachstraße verkleidet. Für die Gestaltung waren Prof. Behnisch und Partner verantwortlich.

②

③

④

① - ④ **Schlossplatz** - *Schlossplatz is the central square in Stuttgart; it lies between the Königsbau ① and the New Palace in the middle of Königstraße, Stuttgart's main shopping street, which runs from the railway station to Rotebühlplatz underground station. Schlossplatz station is slightly curved and has a mezzanine in the central area. There are three exits to the surface, one of which is integrated into the Königsbau complex. For several years, the appendage 'Börse' [stock exchange] was included in the station name. Although the vaulted ceiling may suggest otherwise, the station was built by cut-and-cover. The rounded forms were chosen to stress the underground character of the station. The walls are clad with small, round tiles similar to those at Maybachstraße underground station. The design was created by Professor Behnisch and Partners.*

①② **Charlottenplatz** - die unterirdische Station ist schon seit 17. Mai 1967 in Betrieb, jedoch kamen die Straßenbahnen bis 1978 über die Rampe Planie auch Richtung Schlossplatz sofort wieder an die Oberfläche. Die Talquerlinien halten auf der Ebene -1, über der Tallängslinie und einem Autotunnel; die auffällig breiten Bahnsteige (mit eingebauten Läden, was in Stuttgart einzigartig ist) zeigen, dass es sich hier eigentlich um das Verteilergeschoss handelt, denn die Talquerlinien sollten ursprünglich auf der Ebene -3 fahren (▶ S. 72 & 95).
- the underground station was opened on 17 May 1967, but until 1978, the trams emerged from the tunnel via a ramp in the direction of Schlossplatz, too. The cross-valley lines stop on level -1, above the valley lines and a road tunnel; the unusually wide platforms, which as a unique feature in Stuttgart house some shops, show that this was originally meant to be a mezzanine, and that the cross-valley lines were planned to run on level -3 (▶ p. 72 & 95).

③ **Olgaeck** > **Charlottenplatz** - seit 1967 bestehende provisorische Rampe. Nur knapp 230 m liegen zwischen den Bahnsteigenden Charlottenplatz und Olgaeck.
- temporary ramp opened in 1967. Only some 230 m separate the platforms at Charlottenplatz from those at Olgaeck.

④ **Dobelstraße** > **Olgaeck** - ca. 200 m langer straßenbündiger Abschnitt stadtauswärts entlang der steilen Hohenheimer Straße.
- approx. 200 m on-street section in the outbound direction along the steep Hohenheimer Straße.

⑤ **Dobelstraße** - diese Haltestelle liegt nur knapp 170 m von der Haltestelle Bopser entfernt. Der Höhenunterschied zwischen Olgaeck und Bopser beträgt 60 m.
- this stop is only some 170 m from Bopser station. The difference in altitude between Olgaeck and Bopser is 60 m.

①② **Bopser** - diese Station liegt direkt am Tunnelmund auf einer Höhe von 328 m über N.N. Stadtseitig befindet sich ein Fußgängerübergang, jedoch kein behindertengerechter Zugang, bergseitig gibt es Treppenzugänge. Zum Schutz vor dem Straßenlärm wurden die Bahnsteige auf 18 m Länge mit bepflanzten Trögen abgedeckt.

- this station is located directly at the tunnel mouth at a height of 328 m above sea level. On the city side, there is a pedestrian level crossing but no ramp to provide full accessibility; on the hill side, there are stairs. To protect passengers from road noise, the platforms are roofed over with 18 m long troughs carrying plants.

③④ **Weinsteige** - diese Station liegt bereits 460 m über N.N. und ist völlig kreuzungsfrei gebaut – der Bahnsteig Richtung Degerloch ist ebenerdig zugänglich, der Richtung Stadtzentrum über Treppen bzw. eine Rampe sowie einen Aufzug. Der Zugangsbereich ist mit Crailsheimer Muschelkalk verkleidet. Das südliche Ende der Station befindet sich bereits im Tunnel. Vor dem Stadtbahnbetrieb hieß die entsprechende Haltestelle Waldau.

③④ **Weinsteige** - *this station lies 460 m above sea level and has no level crossings for passengers - the platform towards Degerloch has stepfree access from the street, whereas the inbound platform can be reached via stairs, a ramp, as well as a lift. The access area is covered in Muschelkalk ('shell limestone') from nearby Crailsheim. Before Stadtbahn operation, the corresponding tram stop was called Waldau.*

⑤ **Weinsteige** > **Bopser**

- sog. ‚Fenster', der offene Abschnitt zwischen den beiden Tunneln nach Degerloch, hier mit Zug vor Einfahrt in den unteren Tunnel.

- the so-called 'window', an open section between the two tunnels on the route to Degerloch, here with a train entering the lower tunnel.

①② **Degerloch** - Zugang und Unterführung unter der verkehrsreichen Löffelstraße (B27); direkt über der Station befindet sich seit 1994 die Endstation der Zahnradbahn (▶ S. 113).
- access and underpass beneath the busy Löffelstraße (B27); since 1994, the terminus of the rack railway has been located right above the station (▶ p. 113).

③④ **Degerloch** - neben Killesberg und Maybachstraße der einzige vollkommen unterirdische Bahnhof der Stadtbahn außerhalb des Stadtzentrums. Vom stadtseitigen Ende des 120 m langen Mittelbahnsteigs führt eine Rampe zur Straßenunterführung und eine weitere von dort an die Oberfläche. Am westlichen Ende verbinden feste Treppen, Fahrtreppen sowie ein Aufzug den Bahnsteig mit der Oberfläche und dem benachbarten Busbahnhof.
- besides Killesberg and Maybachstraße, the only fully underground station outside the city centre. The ramp at the city end of the 120 m island platform leads to an underpass, from where a second ramp takes passengers to the surface. At the western end, stairs, escalators and a lift link the platform to the surface and the nearby bus terminal.

⑤ **Degerloch Albstraße** > **Degerloch**
- Tunnelportal neben der Bundesstraße 27.
- tunnel mouth next to the B27 road.

① **Degerloch Albstraße** - die Seitenbahnsteige dieser kreuzungsfreien Station, die erst am 17. April 1993 eingefügt wurde und 460 m über N.N. liegt, sind am westlichen Ende mit einer Fußgängerbrücke und am östlichen mit einer Unterführung verbunden, von beiden ist ein großes Parkhaus südlich der Station zugänglich. In Degerloch endende Züge der U5 fahren etwa 150 m weiter und wenden an einem Hilfsbahnsteig, der auch für Fahrgäste zugänglich ist (► S. 71); dieser war früher Teil der Haltestelle Peregrinastraße, die nach Westen verschoben wurde.
- this station (460 m above sea level) was only added on 17 April 1993 and has no level crossings; the side platforms are linked at their western and eastern ends via a footbridge and an underpass respectively. At both ends, access is provided to a large multi-storey car park. Those U5 trains that terminate at Degerloch continue for about 150 m before turning around at an auxiliary platform that is also accessible to passengers (► p. 71); it was once part of the Peregrinastraße stop, which was relocated further west.

② **Riedsee** (bis | *until* 1997 Parksiedlung) > **Sonnenberg** - trotz bester Verkehrsanbindung blieben bislang entlang der Filderbahnstrecken einige Gebiete unbebaut.
- despite perfect transport links, there are still several undeveloped areas along the Filderbahn routes.

③ **Möhringen Bahnhof** - einst Schnittpunkt aller Filderbahnstrecken, und auch heute noch wichtiger Umsteige- und Linienendpunkt. Die U3 hält auf den beiden südlichen Gleisen, so dass man stadteinwärts bequem am Mittelbahnsteig umsteigen kann.
- no longer the heart of the Filderbahn network, but still an important interchange and terminus; line U3 uses the two southern tracks, so transfer to trains towards the city centre is provided at the island platform.

④ **Vaihinger Straße** - dieser Halt wurde bereits 1966/67 tiefer gelegt und 2003 modernisiert. Er kann zu den voll ausgebauten U-Bahn-Stationen gezählt werden. Südlich der Station zweigt die U5 niveaugleich ab.
- already put in a cutting back in 1966/67, the stop was modernised in 2003. It can be counted among the full-standard metro stations. South of the station, line U5 diverges in a flat junction.

① **Rohrer Weg** - diese Station war von Anfang an mit 80 m langen Bahnsteigen ausgestattet, obwohl sie mitten im unbebauten Gebiet umgeben von Wiesen und Feldern liegt, was erklärt, warum es sich hier um die einzige Strecke der Stadtbahn handelt, wo nur ein 20-Minuten-Takt angeboten wird. Hier war einst ein großes Wohngebiet geplant. Die anschließende Strecke wurde wegen des Baus der Nord-Süd-Straße für die Stadtbahn neu trassiert.
- this station was equipped with 80 m platforms right from the start, even though it lies in an undeveloped area, surrounded by fields and meadows. This may explain why the Leinfelden branch is the only Stadtbahn section just served every 20 minutes. There were once plans for a new neighbourhood in this area. The following route had to be re-aligned for the Stadtbahn to allow for the construction of the Nord-Süd-Straße.

② **Frank** > **Möhringen Freibad** - 1993 eröffnete Brücke über die Autobahn A8, die die Stadtgrenze zwischen Stuttgart und Leinfelden-Echterdingen darstellt. Im Hintergrund soll in wenigen Jahren die U6 Richtung Fasanenhof abzweigen.
- a bridge from 1993 across the A8 motorway, which represents the border between Stuttgart and Leinfelden-Echterdingen. In a few years, line U6 is to diverge in the background towards Fasanenhof.

③ **Frank** - versetzte Bahnsteige direkt am Bahnübergang Fasanenweg in einem Gewerbegebiet.
- staggered platforms right at the Fasanenweg level crossing in a business area.

④⑤ **Leinfelden** - Endhaltestelle der U5 östlich des S-Bahnhofs, etwa im Bereich der früheren Straßenbahnhaltestelle Bosch.
- U5 terminus on the eastern side of the S-Bahn station, approximately where the former tram stop Bosch was located.

Weilimdorf Löwen-Markt

U6 Gerlingen – Möhringen (– Vaihingen)

Die Stadtbahnlinie U6 wurde gemeinsam mit der U5 am 3. November 1990 in Betrieb genommen, jedoch anfangs nur bis Feuerbach Pfostenwäldle. In mehreren Etappen konnte 1997 die heutige Endstation Gerlingen erreicht werden (siehe Tabelle). Zwischen Pragsattel und Möhringen Bahnhof fahren die Linien U5 und U6 parallel, abschnittsweise auch mit den Linien U7, U8 und U15. Nur in den Hauptverkehrszeiten fährt die U6 bis Vaihingen Bahnhof durch, wegen der kurzen Bahnsteige kann sie die Haltestelle Jurastraße nicht bedienen.

Der nördliche Teil der Linie U6 geht auf die 1909 eröffnete Strecke der ‚Stuttgarter Vorort-Straßenbahnen' von Stuttgart nach Feuerbach zurück, die ab 1910 als Linie 16 bezeichnet wurde. In Feuerbach hatte diese ab 1926 Anschluss an die neue ‚Städtische Straßenbahn Feuerbach' über Weilimdorf nach Gerlingen. Die Linienbezeichnung 6 findet man auf dieser Strecke erstmals im Jahr 1954, vorher war die Linie 13 bis Gerlingen durchgefahren. Bis heute bedienen diese beiden Linien die Strecke durch Feuerbach gemeinsam. In Feuerbach fuhr die Straßenbahn Richtung Gerlingen stets entlang der Wiener Straße (wie heute die Stadtbahn), Richtung Pragsattel jedoch ab der Haltestelle Krankenhaus entlang der Stuttgarter und Kremser Straße zum Bahnhof Feuerbach.

Da die Umstellung der Linie 13 auf Stadtbahn erst sieben Jahre nach der U6 geschah, war hier lange ein 3-Schienen-Gleis notwendig. Außerdem musste selbst an den sonst nach U-Bahn-Parametern errichteten Stationen, wie Maybachstraße oder Willhelm-Geiger-Platz, ein Niedrigbahnsteig für die Straßenbahn vorgehalten werden.

Durch die längeren Tunnelabschnitte auch außerhalb des Stadtzentrums, vor allem im Bereich Feuerbach und Weilim-

Line U6 was brought into service as a Stadtbahn line on 3 Nov 1990 together with line U5, but initially, it only went as far as Feuerbach Pfostenwäldle. After a number of extensions, it reached Gerlingen in 1997 (see table below). Lines U5 and U6 share the same route between Pragsattel and Möhringen Bahnhof, other sections are also served by lines U7, U8 and U15. Line U6 only runs through to Vaihingen during peak hours, and because of the short platforms it cannot call at Jurastraße.

The northern section of line U6 has its predecessor in the suburban tramway route from Stuttgart to Feuerbach, which was labelled line 16 from 1910 onwards. From 1926, this line provided transfer to the 'Städtische Straßenbahn Feuerbach', which ran from Feuerbach to Gerlingen via Weilimdorf. The line number 6 was seen on this route for the first time in 1954, and prior to that, line 13 had been running to Gerlingen. Even today, lines 6 and 13 operate on the route through Feuerbach. In this town, the tramways used to run towards Gerlingen along Wiener Straße (the way the Stadtbahn does today), but on their way back to Pragsattel, they used to operate from Krankenhaus along the parallel Stuttgarter

U6
20,7 (+2,9) km (ca. 8,5 km unterird. | *underground*)
33 (+4) Haltestellen | *Stops* (6 unterird. | *underground*)

Beginn des Stadtbahnbetriebs | *Start of Stadtbahn operation*

03-11-1990	Feuerbach Pfostenwäldle – Pragsattel – Möhringen
26-09-1992	Pfostenwäldle – Giebel
02-10-1993	Giebel – Gerlingen Siedlung
01-06-1997	Gerlingen Siedlung – Gerlingen

dorf, aber auch Richtung Degerloch, sowie durch den fast ausschließlichen Einsatz von 77 m langen Zügen (2 DT) ohne Klapptrittstufen seit 1996 erweckt die U6 neben der U7 am meisten von allen Stuttgarter Linien den Eindruck einer ‚richtigen' U-Bahn. Neben den sechs tatsächlich unterirdisch liegenden Bahnhöfen können acht weitere als ‚voll U-Bahn-mäßig ausgebaut' bezeichnet werden, d.h. die Gleise können nur über Brücken oder durch Unterführungen überquert werden. Zu diesen Stationen gehören Gerlingen, Rastatter Straße, Löwen-Markt, Feuerbach Krankenhaus, Wilhelm-Geiger-Platz, Pragsattel, Weinsteige und Degerloch Albstraße. Dazu kommt noch die zeitweise von der U6 bediente Haltestelle Vaihinger Straße.

Alle Tunnelstrecken auf dem nördlichen U6-Ast wurden in offener Bauweise bzw. in Deckelbauweise, errichtet. Der 600 m lange Tunnel unter der Siemensstraße mit dem U-Bahnhof Maybachstraße sowie die westlich anschließende Überdeckelung der DB-Gleise wurden bereits am 2. April 1984 für den Straßenbahn-Vorlaufbetrieb eröffnet. Die provisorische östliche Rampe lag unweit der Haltestelle Pragsattel.

Der 1,7 km lange Tunnel durch Feuerbach entlang der Wiener Straße wurde am Tag der Umstellung der U6 auf Stadtbahnbetrieb eröffnet. Der sich daran anschließende oberirdische Abschnitt von Feuerbach Krankenhaus bis Pfostenwäldle (1,1 km) mit der Brücke über die B295 war bereits am 6. Juli 1987 auf neuer Trasse eröffnet worden, bis auf einen Fußgängerübergang an der Haltestelle Sportpark Feuerbach verläuft die Strecke hier kreuzungsfrei.

Der 1,2 km lange Tunnel durch Weilimdorf, mit der tiefliegenden Station Löwen-Markt wurde 1988 in Angriff genommen und am 26. September 1992 eröffnet. Einige Monate vorher, am 12. April 1992, war die neue Trasse mit dem Viadukt über die Engelbergstraße zwischen den Haltestellen Bergheimer Hof und Salamanderweg fertig gestellt worden.

Nach der Haltestelle Giebel verlässt die U6 das Stuttgarter Stadtgebiet und bedient drei Haltestellen in Gerlingen. 1993 endeten die Züge vorerst an der Rampenhaltestelle Siedlung, doch nach vier Jahren Bauzeit konnte 1997 auch der 550 m lange Tunnel bis zur heutigen Endstelle fertig gestellt werden. Um eine Abstellmöglichkeit für acht DT8-Wagen zu schaffen, wurde dieser Tunnel dreigleisig ausgeführt. Der östliche Teil unter der Feuerbacher und Weilimdorfer Straße wurde in Deckelbauweise errichtet, der westliche konnte in offener Bauweise erstellt und später überbaut werden, so dass die Trasse heute an der Oberfläche nicht erkennbar ist.

In den nächsten Jahren ist der Bau einer Verlängerung der Linie U6 von Möhringen Bahnhof über Freibad zum Gewerbegebiet Fasanenhof Ost geplant (► Seite 71).

Feuerbach Bahnhof

Straße and Kremser Straße before reaching the Feuerbach railway station.

As the conversion of line 13 to Stadtbahn operation took place only seven years after that of line U6, 3-rail tracks were necessary here for a long time; and even those stations with full metro standard, like Maybachstraße or Wilhelm-Geiger-Platz, had to be equipped with low platform sections for the tram vehicles.

Due to the longer tunnel sections even outside the city centre, notably through Feuerbach and Weilimdorf, but also on the route to Degerloch, and due to the fact that since 1996 it has mostly been operated with 77 m trains (double 2-car units) without folding steps, line U6, as well as line U7, almost appears to be a real metro line. Besides the six completely underground stations, eight more can be classified as totally metro-like, i.e. the tracks can only be crossed via bridges or underpasses: Gerlingen, Rastatter Straße, Löwen-Markt, Feuerbach Krankenhaus, Wilhelm-Geiger-Platz, Pragsattel, Weinsteige and Degerloch Albstraße; and Vaihinger Straße is served by line U6 during peak hours, too.

The tunnel sections on the northern branch were excavated either by cut-and-cover or using the so-called top-down method, where the tunnel ceiling is built first. The 600 m tunnel beneath Siemensstraße including Maybachstraße station, and the adjacent section across the DB route, which was achieved by covering several tracks, were opened on 2 April 1984, and initially used by trams. The temporary eastern ramp was located close to Pragsattel station.

The 1.7 km tunnel through Feuerbach along Wiener Straße was opened on the day line U6 began operating as a Stadtbahn line. The following surface section between Feuerbach Krankenhaus and Pfostenwäldle (1.1 km), including the viaduct across the B295 road, had already been re-aligned on 6 July 1987; except for a pedestrian crossing at the Sportpark Feuerbach stop, this section is entirely grade-separated.

The construction of the 1.2 km tunnel through Weilimdorf, which includes a low-level but open station at Löwen-Markt, was started in 1988 and completed on 26 Sept 1992. Some months earlier, on 12 April 1992, a new route between Bergheimer Hof and Salamanderweg, which includes the viaduct across Engelbergstraße, had been brought into service.

After serving the Giebel stop, line U6 leaves the Stuttgart city territory and calls at another three stations in Gerlingen. In 1993, trains started terminating at the Siedlung stop, located right at the ramp to the 550 m Gerlingen tunnel, which was finally completed in 1997 after a 4-year construction period. To provide a stabling facility for eight 2-car units, the tunnel was built with three tracks. The eastern part of this tunnel runs below Feuerbacher and Weilimdorfer Straße and was built using the top-down method, whereas the western part was constructed by cut-and-cover and later built over, so that the route is now not easily distinguishable on the surface.

The construction of an extension for line U6 is planned for the near future. It will be a branch running from Möhringen Freibad to Fasanenhof Ost (► p. 71).

①-③ **Gerlingen** - etwa die Hälfte des 80 m langen Bahnsteigs ist abgedeckt, die westliche Hälfte hingegen ist nach oben zum neu gestalteten Platz hin offen. Die wohl endgültige Endstation repräsentiert die typische Beton-Stahl-Glas-Architektur der neunziger Jahre, interessant ist dabei die spiegelnde Decke im unterirdischen Bereich.
- about half of the 80 m island platform is covered, whereas the western half was left open and integrated into a new square. What is probably the permanent terminus represents typical 1990s architecture of concrete, steel and glass. The reflective ceiling in the covered area is a special feature.
④ **Gerlingen Siedlung** - einfache Rampenhaltestelle mit dezenten Farbtupfern; am östlichen Ende befindet sich ein Fußgängerübergang. Zwischen 1993 und 1997 hatte die U6 hier ihre Endhaltestelle.
- simple station located on the tunnel ramp, decorated with some coloured fields; at the eastern end of the platforms there is a pedestrian level crossing. Between 1993 and 1997, this station was the terminus for line U6.
⑤ **Giebel** - Mischbetrieb am 23. Aug. 1992, einen Monat vor Verlängerung der U6 bis Giebel. Auch heute endet die U13 in der Hauptverkehrszeit hier an einem eigenen Bahnsteig.
- mixed service on 23 Aug 1992, one month before line U6 was extended to Giebel. Nowadays, line U13 also terminates here at a dedicated platform. (Foto © Gerhard Wandel)

① **Salamanderweg** > **Giebel** - durch den Ortsteil Giebel verkehrt die U6 in südlicher Randlage der Engelbergstraße mit mehreren Bahnübergängen als typische Stadtbahn, im Vergleich zur sonst fast U-Bahn-mäßigen Trassierung der U6.
- line U6 runs along the southern side of Engelbergstraße through the neighbourhood of Giebel; like a typical Stadtbahn, it has several level crossings along this stretch, in contrast with the otherwise almost metro-like alignment of line U6.

② **Bergheimer Hof** > **Salamanderweg** - auf einem 1992 eröffneten Viadukt überquert die Stadtbahn die Engelbergstraße.
- the Stadtbahn crosses Engelbergstraße on a viaduct opened in 1992.

③ **Bergheimer Hof** - die meisten oberirdischen Haltestellen der U6 entsprechen dem Standardtyp. Wie die benachbarte Haltestelle Wolfbusch befindet sich Bergheimer Hof in Randlage zur Bebauung, nach Nordwesten hin findet man unbebaute Flächen.
- most surface stops on line U6 boast a standard design. Like the neighbouring Wolfbusch, Bergheimer Hof station lies on the edge of the built-up area, with large undeveloped terrains on the northwestern side.

④⑤ **Rastatter Straße** - diese als voll U-Bahn-mäßig ausgebaute Station liegt in der Tunnelrampe am westlichen Rand der Solitudestraße. Die Seitenbahnsteige sind nur über Rampen am Nordende zugänglich, das Gebiet weder südlich noch westlich der Station ist bebaut.
- this stop can be counted among the metro-like stations. It lies on the tunnel ramp along the western side of Solitudestraße. The side platforms are only accessible via ramps located at the northern end, the areas south and west of the station not being built-up.

①②③ **Weilimdorf Löwen-Markt** - diese von Prof. Hans-Dieter Lutz und Partner gestaltete offene Haltestelle mitten im Ortskern von Weilimdorf gilt seit ihrer Eröffnung 1992 als richtungsweisend für übersichtliche und gut in das Stadtbild integrierte Schnellbahnhöfe. Vom stadtauswärtigen Bahnsteig führt eine direkte Passage zum ‚Löwen-Center', außerdem verbindet ein Aufzug den Bahnsteig mit der Straßenebene; stadteinwärts wird der behindertengerechte Zugang mittels einer Rampe hergestellt.
- this open station was designed by Professor Hans-Dieter Lutz and Partners, and since its opening in 1992, it has been a good example of a station well-integrated into an urban landscape. From the outbound platform, which is equipped with a lift, a direct passageway leads to the 'Löwen-Center' shopping mall; the inbound platform is fully accessible via a ramp.

④ **Löwen-Markt** > **Landauer Straße** - Rampe in der Pforzheimer Straße zum 1,2 km langen Tunnel durch den Ortsteil Weilimdorf.
- ramp on Pforzheimer Straße leading to the 1.2 km tunnel through the district of Weilimdorf.

⑤ **Landauer Straße** - Standardhaltestelle östlich des Tunnelportals, welche die früheren Straßenbahnhaltestellen Schützenhaus und Mathildenstraße ersetzte.
- standard surface stop just east of the tunnel mouth, which replaced the former tram stops Schützenhaus and Mathildenstraße.

① **Feuerbach Pfostenwäldle** - im Normalverkehr endet hier die Linie U13, der hinter der Station ein südlich paralleles Wendegleis zur Verfügung steht. Trotz der vorhandenen Unterführung dürfen Fahrgäste die Gleise auf einem Übergang zwischen den versetzt angeordneten Bahnsteigen überqueren (▶ S. 59).
- during off-peak hours this is the terminus for line U13, which has a parallel reversing track behind the station at the southern side. The tracks may be crossed by passengers between the two staggered platforms (▶ p. 59), although an underpass is available, too.

② **Sportpark Feuerbach** > **Pfostenwäldle** - seit 1987 schwenkt die Trasse auf dieser Brücke elegant auf die Nordseite der Föhrichstraße (B295), die unmittelbar jenseits der Brücke in einen Tunnel durch Feuerbach eintaucht.
- in 1987, this viaduct was opened to take the Stadtbahn onto the northern side of Föhrichstraße (B295), which dives into a road tunnel through Feuerbach right after this bridge.

③-⑤ **Feuerbach Krankenhaus** - diese U-Bahn-mäßig ausgebaute Station, mit deren Gestaltung die Architekten Bleyer-Schauer-Wiorkowski beauftragt waren, liegt im östlichen Bereich unterirdisch, nach Westen hin überspannt eine galerieartige Ebene die Gleise. Die Bahnsteige sind über Rampen, die in den Grünbereich integriert sind, für jedermann zugänglich (▶ S. 58).
- this metro-like station was designed by the architects Bleyer-Schauer-Wiorkowski. The eastern part of the station lies underground, whereas the western part lies in the open, partly covered by a gallery. The platforms are fully accessible via ramps, which are well-integrated into the green surroundings (▶ p.58).

①-③ **Wilhelm-Geiger-Platz** - der Entwurf dieser ungewöhnlichen Station stammt von der Architektengemeinschaft Prof. Dr. Zabel - Rümelin/Schreiner. Durch eine großzügige mittige Öffnung hat man von den Bahnsteigen einen Blick auf das Feuerbacher Rathaus; hohe Bäume stehen direkt auf dem Bahnsteig Richtung Gerlingen.

- this peculiar station was designed by the architects Professor Dr. Zabel, Rümelin & Schreiner. A large area in the middle of the station was left uncovered allowing a view of the Feuerbach town hall; high trees can be seen on the outbound platform.

④ **Wilhelm-Geiger-Platz** > **Feuerbach Bahnhof**

- Tunneleinfahrt am Wiener Platz mit ‚Spitzbunker' im Hintergrund.

- tunnel mouth at Wiener Platz, with an access to an air raid shelter visible in the background.

⑤ **Feuerbach Bahnhof** - wegen eines unterirdischen Bunkers unter dem Platz schied der Bau einer ursprünglich geplanten unterirdischen Station aus. Die oberirdische Lösung bietet gute Umsteigebeziehungen zu verschiedenen Buslinien und kürzere Wege zur S-Bahn.

- initially, an underground station was planned in front of the Feuerbach railway station, but due to the existence of an underground air raid shelter, this option was later discarded. A surface stop providing convenient interchange with connecting bus services was built instead, and the S-Bahn station is just a short walk away.

① **Maybachstraße** > **Feuerbach Bahnhof**
- im Zuge des Tunnelbaus in der Siemensstraße wurden die Gleise der DB 1984 überdeckelt, die beiden Portale des Pragtunnels somit nach Norden verschoben und so die Trasse für die Stadtbahn begradigt. Da, wo sich das hintere Ende des ICEs befindet, werden in einigen Jahren die Züge in den Tunnel zum neuen unterirdischen Hauptbahnhof abtauchen.
(Foto © Matthias Frey)
- *together with the construction of the tunnel along Siemensstraße, the DB mainline tracks were covered in 1984, i.e. the two tunnel mouths of the Pragtunnel were relocated further north, thus allowing a less winding alignment for the Stadtbahn. In some years, mainline trains will enter the new tunnel towards the underground central station at the point where the rear end of the ICE train is.*

②-④ **Maybachstraße** - dieser U-Bahnhof wurde am 2. April 1984 eröffnet und bis 1990 im Straßenbahn-Vorlaufbetrieb genutzt. Da er an einer verkehrsreichen Kreuzung (Siemensstraße/Maybachstraße) liegt, wurde er in Deckelbauweise errichtet. Das mittige Zwischengeschoss dient auch als Straßenunterführung und erlaubt einen Blick auf die Bahnsteigebene. Die Bahnsteige sind 120 m lang (► S. 59), wobei die niedrigen Abschnitte am westlichen Ende heute ungenutzt bleiben.
- *this underground station was opened on 2 April 1984 and used by trams until 1990. Due to its location at a busy road junction (Siemensstraße/Maybachstraße), it was constructed using the top-down method, with the ceiling built first, and the rest excavated afterwards. The mezzanine lies in the middle of the station and allows a view over the entire platform level; it also functions as an underpass. The platforms are 120 m long (► p. 59), with the low-floor sections at the western ends now out of service.*

①

②

③

④

Schemppstraße

U7 Killesberg – Ostfildern

U8 Vaihingen – Ostfildern

Die Linie U7 wurde 1993 anlässlich der Internationalen Gartenbau-Ausstellung (IGA) auf dem Killesberg, wo sich bis 2007 auch das Messegelände befand, eingeführt. Bis zur Eröffnung der Neubaustrecke zur Ruhbank im Jahr 1998 hatte sie ihren südlichen Endpunkt in Degerloch Albstraße. Sie ist heute neben der U6 und U11 die einzige Linie, auf der Doppeltraktionen eingesetzt werden können, d.h. alle Bahnsteige sind mindestens 70 m lang. Nach Verlängerung der Bahnsteige auf dem Nordast der U5 sollen die Züge von Ostfildern ab 2010 in Doppeltraktion bis Mönchfeld fahren.

Die Linie U8 wurde im Jahr 2000 als Tangentialstrecke zwischen den westlichen und östlichen Fildern eingerichtet. Anfangs fuhr sie nur in den Hauptverkehrszeiten, doch seit Dezember 2005 verkehrt sie regelmäßig im 20-Minuten-Takt, jedoch nur wochentags bis 19 Uhr.

Der Südast der Linie U7 fädelt niveaufrei aus der 1990 eröffneten Tunnelstrecke Bopser – Weinsteige aus, und erklimmt mit bis zu 7% Steigung und in einer Tiefe von bis zu 50 m die

Line U7 was introduced in 1993 on the occasion of the International Garden Show (IGA) held on Killesberg, where until 2007, the trade fairgrounds were also located. Before the new tunnel towards Ruhbank was completed in 1998, line U7 had had its southern terminus at Degerloch Albstraße. Besides lines U6 and U11, line U7 is the only line that can be operated with 4-car trains, because all its platforms are at least 70 m long. From 2010, trains from Ostfildern will run as 4-car sets to Mönchfeld, the platforms having by then been extended along the northern leg of the present line U5.

Line U8 was established in 2000 as a tangential route linking the western and eastern Filder areas. Initially, it only operated during peak hours, but since Dec 2005, it has been running regularly at 20-minute intervals on weekdays, although it stops at 19:00.

The southern leg of line U7 diverges in a grade-separated junction from the 1990 Bopser-Weinsteige tunnel, and with a gradient of up to 7% and a maximum depth of 50 m, it climbs

U7
17,4 km (ca 7,6 km unterird. | *underground*)
23 Haltestellen | *Stops* (7 unterird. | *underground*)

Beginn des Stadtbahnbetriebs | *Start of Stadtbahn operation*

17-04-1993 Killesberg – Hauptbahnhof – Bopser – Degerloch
23-05-1998 Bopser – Ruhbank
11-09-1999 Ruhbank – Heumaden
09-09-2000 Heumaden – Ostfildern Nellingen

U8
18,5 km (ca 4,9 km unterird. | *underground*)
26 Haltestellen | *Stops* (3 unterird. | *underground*)

Beginn des Stadtbahnbetriebs | *Start of Stadtbahn operation*

09-09-2000 Vaihingen – Ostfildern Nellingen
(nur Hauptverkehrszeiten | *peak hours only*)
05-12-2005 Vaihingen – Ostfildern Nellingen

Filderhochebene. Ein 1064 m langer zweigleisiger und zwei zusammen 465 m lange eingleisige Röhren wurden bergmännisch per NÖT aufgefahren. Der Waldau-Tunnel wurde ergänzt durch zwei eingleisige, zusammen 570 m lange Verbindungsröhren, die eine direkte Verbindung zwischen Waldau und Weinsteige herstellen (heute U8). Während die Ausfädelung von Waldau kommend niveaufrei ausgeführt wurde (das Gleis Richtung Weinsteige führt über die U7-Röhre), fädelt die U8 außerhalb des Tunnels niveaugleich in die Strecke der U5/U6 ein.

Etwa 100 m westlich der Station Waldau beginnt der in offener Bauweise errichtete Abschnitt, der bis zum Tunnelende auf der Ruhbank führt. Zwischen Waldau und Ruhbank liegt zwischen den Streckengleisen ein Abstellgleis, das der Bereitstellung von bis zu 5 DTs im Veranstaltungsverkehr dient.

Zwischen Ruhbank und Heumaden benutzt die Stadtbahn die Trasse der ehemaligen Straßenbahn entlang der Kirchheimer Straße, die erst 1930 von Geroksruhe bis Sillenbuch verlängert wurde. Als vorletzte Straßenbahnneubaustrecke wurde diese schließlich 1967 bis zur Stadtgrenze in Heumaden verlängert. Diese Strecke war bis zum Umbau auf Stadtbahn Teil der Linie 15.

Aufgrund der Enge der Kirchheimer Straße im Bereich Sillenbuch entschied man sich hier für ein genau 1 km langes Tunnelbauwerk, mit zwei Rampenhaltestellen und einer tiefliegenden, jedoch nach oben hin teilweise offenen Station. Der Tunnel wurde in halbseitiger Deckelbauweise erstellt.

Die 6 km lange Strecke zwischen Heumaden und Nellingen ist eine komplette Neubaustrecke und verläuft teils abseits der Hauptstraßen durch Ostfildern. Im Ortsteil Ruit wurde ein in offener Bauweise ausgeführter, 930 m langer Tunnel mit der nach oben teilweise offenen Station Ruit gebaut.

Die Linie U7 zwischen Bopser und Nellingen stellt die optimale Verwirklichung des Konzepts ‚Stadtbahn' dar: weitgehend kreuzungsfrei trassiert, immer auf eigenem Gleiskörper und Tunnelstrecken, wo es städtebaulich sinnvoll ist.

Ruhbank (mit U15 rechts oben | *with line U15 on the right on the upper level*)

up to the Filder plateau. The Waldau tunnel was built using the NATM and consists of one 1064 m double-track tube and two single-track tubes, which together add up to 465 m in length. The main route is complemented by two single-track tunnels (together 570 m long), which provide a direct link between Waldau and Weinsteige (now U8). These tubes diverge from the main tube in a grade-separated junction (the track towards Weinsteige crosses above the U7 tunnel), but the tracks join the Bopser – Weinsteige route (U5/U6) in a flat junction just outside the tunnel.

Schemppstraße

The section built by cut-and-cover starts about 100 m west of Waldau station and continues up to the tunnel mouth at Ruhbank. Between Waldau and Ruhbank, there is a centre siding between the running tracks where up to five 2-car trainsets can be stabled for service during special events in the area.

Between Ruhbank and Heumaden, the Stadtbahn goes along Kirchheimer Straße on a former tram route built from Geroksruhe to Sillenbuch in 1930. It was eventually extended to the city border at Heumaden in 1967, the last but one conventional tram route built in Stuttgart. Before construction for the Stadtbahn began, this route was part of tram line 15.

Due to the narrow width of Kirchheimer Straße on its way through Sillenbuch, a 1 km tunnel was built here, with two stations located at the tunnel mouths, and one intermediate underground station, which has several openings in the ceiling. To reduce disruptions on the surface, the Sillenbuch tunnel was built using the top-down method, with the ceiling being built first in two stages before the tunnel was excavated underneath.

The 6 km section between Heumaden and Nellingen in the municipality of Ostfildern is a totally new route, which often runs off the road. Through a neighbourhood called Ruit, a 930 m tunnel with a partly open station of the same name was built by cut-and-cover.

Between Bopser and Nellingen, line U7 represents what a proper Stadtbahn line is meant to be: an almost grade-separated alignment, completely on a reserved right-of-way, and with tunnel sections where necessary.

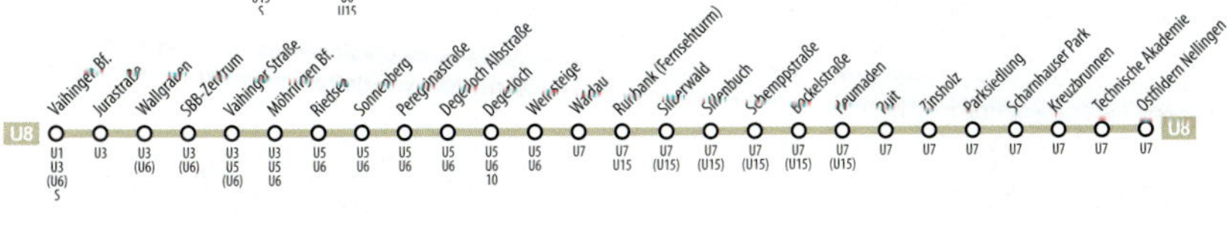

①

②

③

①-⑤ **Killesberg** (bis | *until* 2007: Killesberg Messe)

- der Bau des knapp 1 km langen Abzweigs zum Killesberg, der bis zu 7% Steigung aufweist, wurde 1987 beschlossen und 1993 anlässlich der Internationalen Gartenbau-Ausstellung (IGA) fertig gestellt. Neben der IGA war auch der Anschluss der Messe, die sich nun seit November 2007 am Flughafen befindet, ausschlaggebend für den Bau des vollständig unterirdischen U-Bahnhofs, der mit einem 120 m langen Mittelbahnsteig ausgestattet wurde. An den Wänden hängt ein 360 m langer Filmfries von Ulrich Bernhardt zum Thema ‚Kulturströme' - er zeigt den Rhein und den Neckar, die beiden Hauptflüsse Baden-Württembergs, und die Menschen, die dort leben.
Als die U7 1993 eröffnet wurde, fuhren die Züge vom Killesberg bis Degerloch Albstraße; ab 2010 könnten sie statt wie jetzt nach Ostfildern nach Leinfelden verkehren.

- the construction of the approximately 1 km branch to Killesberg, which has a maximum gradient of 7%, was approved in 1987 and completed in 1993, in time for the International Garden Show (IGA) held there that year.

Besides the IGA, the trade fairgrounds, which were located here before they were moved to the airport area in Nov 2007, were another reason for building this fully underground station, equipped with a 120 m island platform. The walls are decorated with a 360 m photo frieze called 'culture streams' created by Ulrich Bernhardt, which depicts people and landscapes along the Rhine and the Neckar, the two major rivers in the state of Baden-Württemberg.
When line U7 opened in 1993, trains ran from Killesberg to Degerloch Albstraße; from 2010, they might operate to Leinfelden instead of Ostfildern.

④

⑤

① **Killesberg** > **Eckartshaldenweg**
- Linie U7 kurz vor Einfahrt in den Tunnel.
- *line U7 just before entering the tunnel.*

② **Eckartshaldenweg** > **Killesberg**
- niveaugleiche Kreuzung mit den stadteinwärts führenden Fahrspuren der Heilbronner Straße, einer der verkehrsreichsten Straßen Stuttgarts.
- *level crossing, with the inbound traffic being held back on Heilbronner Straße, one of Stuttgart's busiest roads.*

③ **Türlenstraße (Bürgerhospital)** - Zugang zu den Bahnsteigen über eine offene Galerie. Durch die Hanglage kommt seitlich Tageslicht in die Station (► S. 77).
- *access to the platforms via an open gallery; due to the station's location on a slope, daylight comes into the platform area from one side (► p. 77).*

④ **Charlottenplatz** - knapp bemessene Hochbahnsteige für 77 m lange Doppeltraktionen; da die erste und letzte Tür 5 m von den Zugenden entfernt sind, reicht ohnehin eine Länge von 67 m aus (► S. 72 & 79).
- *the high platforms are just long enough for the 77 m 4-car trains; as the first and last doors are 5 m from the train's ends, a platform length of 67 m is sufficient (► p. 72 & 97).*

⑤ **Olgaeck** - wegen des straßenbündigen Abschnitts bergwärts entlang der Hohenheimer Straße wird der Autoverkehr mittels Ampel bereits am Olgaeck zurückgehalten. Bei drei Linien im 10-Minuten-Takt fährt alle 3-4 Minuten ein Zug durch diese Schleuse.

- *due to the existence of an on-street section along Hohenheimer Straße only in the uphill direction, car traffic has to be controlled via traffic lights down at the Olgaeck stop. With three lines operating every 10 minutes, this procedure needs to take place every 3-4 minutes.*

①

②

①-③ **Waldau (GAZİ Stadion)** - ungewöhnliche Gliederung der Station: das stadteinwärtige Gleis befindet sich eigentlich unterirdisch, während der Bahnsteig und das Gleis nach Ostfildern im Freien liegen; der mittlere Bereich ist mit einem Zeltdach überspannt. Am Westzugang befindet sich neben einer Treppe auch eine Rampe.
- an unusual station structure: the inbound track is in fact underground, whereas the platform and the outbound track lie in the open; the central area is covered with a tent-like roof. Besides normal stairs, there is also a ramp at the western end of the platform.

④⑤ **Ruhbank (Fernsehturm)** - die Station liegt direkt am Tunnelende in einer leichten Rampe; unmittelbar südlich der Station münden seit Dezember 2007 die Gleise der U15 in die Strecke (▶ S. 106). Da die Station von einem großen Waldgebiet umgeben ist, wurde Holz als dominantes Gestaltungsmerkmal gewählt.
- the station lies directly at the end of the tunnel on a slightly inclined ramp; the U15 tracks have been linked to the U7 route immediately to the south of the station since Dec 2007 (▶ p. 106). As the station lies within a large forest, wood was chosen as the primary material for its design.

③

④

⑤

① **Silberwald** - diese Station liegt am nördlichen Portal des Tunnels durch Sillenbuch und ist nur vom Süden her über eine Treppe oder per Aufzug zugänglich (▶ S. 3).
- this station lies at the northern mouth of the tunnel through Sillenbuch, and is accessible only from the southern side, either via stairs or via a lift (▶ p. 3).

②-④ **Sillenbuch** - dieser Bahnhof kann als unterirdisch gezählt werden, jedoch findet man neben den Treppenabgängen an den Bahnsteigenden auch mittig eine große überdachte Öffnung. Diese Station befindet sich an der Stelle der ehemaligen Straßenbahnhaltestelle Eduard-Steinle-Straße, während die heutige Station Schemppstraße (▶ S. 92) früher den Namen Sillenbuch Kemnater Straße trug.
- counted among the underground stations, although besides the stairs located at either end of the platform, there is a large covered opening in the middle of the station. The station is located at the site of the former tram stop called Eduard-Steinle-Straße, whereas the present station Schemppstraße (▶ p. 92) used to be called Sillenbuch Kemnater Straße.

⑤ **Heumaden** - als Endpunkt von Verstärkerzügen (seit Dezember 2007 die U15) wurde der Halt Heumaden dreigleisig sowie mit einem Mittel- und einem Seitenbahnsteig ausgeführt. Wie die benachbarte Station Bockelstraße lehnt sich die Gestaltung an den Standardtyp der älteren oberirdischen Haltestellen an.

- as the terminus for some peak-hour trains (since Dec 2007 served by line U15), the Heumaden stop was laid out with three tracks, with both an island and a side platform. Like the neighbouring Bockelstraße stop, the design is similar to that applied at the older surface stops.

①② **Ruit** - ab Heumaden fährt die Stadtbahn auf dem Gebiet der 1975 durch Zusammenschluss mehrerer Ortschaften gegründeten Stadt Ostfildern. Nach einer 1,6 km langen Strecke durch unbebautes Gebiet (hier besteht bei Bedarf die Option einer Zwischenstation) erreichen die Züge die unterirdische Station Ruit, die wie in Sillenbuch teilweise nach oben hin geöffnet ist. Sie liegt in dörflicher Umgebung unter der Plochinger Straße; unter der Oberfläche dominiert Sichtbeton.

- from Heumaden, the Stadtbahn runs on the territory of the municipality of Ostfildern, founded in 1975 by merging several smaller towns. After a 1.6 km ride through open fields, the trains reach Ruit station, which like Sillenbuch has a large opening in the ceiling. The station lies in village-like surroundings on Plochinger Straße; below the surface, bare concrete is the predominant feature.

③ **Zinsholz** - kurz nach dem Tunnelende gelegen ist der Mittelbahnsteig vom Nordwesten über Rampe zugänglich; am südöstlichen Ende führt ein Bahnübergang zur Südseite in ein bislang unbebautes Gebiet.

- located shortly after the tunnel mouth, with an island platform accessible via a ramp from the northwestern side; at the southeastern end, a pedestrian level crossing leads to the southern side into as yet undeveloped land.

④⑤ **Parksiedlung** - über die Station spannt sich eine elegante Brücke mit einem Aufzug zum Bahnsteig, dennoch gibt es einen Bahnübergang am östlichen Ende, der zur Siedlung Scharnhauser Park führt.

- an elegant bridge spans over the station, providing access to the platform via a lift; nonetheless, there is a pedestrian level crossing at the eastern end of the platform which leads to the Scharnhauser Park neighbourhood.

① **Scharnhauser Park** - der Anschluss dieser Neubausiedlung war ein wesentlicher Grund für die Verlängerung der Stadtbahn nach Ostfildern. Die Seitenbahnsteige wurden hier harmonisch in die Platzgestaltung integriert.
- the construction of this new neighbourhood was one of the main reasons for extending the Stadtbahn to Ostfildern. The side platforms were integrated into an urban square.

② **Scharnhauser Park** > **Kreuzbrunnen** - Rasenbahnkörper im Neubaugebiet auf einem ehemaligen US-Kasernengelände.
- grass-covered tracks in a new neighbourhood developed on the grounds of a former U.S. military base.

③ **Scharnhauser Park** > **Parksiedlung** - Stahlbogenbrücke über die Breslauer Straße.
- a steel arch bridge spans over Breslauer Straße.

④ **Technische Akademie** > **Ostfildern-Nellingen** - niedrige Schallschutzwände zwischen der Haltestelle Technische Akademie (► S. 70), am Ortsrand von Nellingen, und der Endstation.
- for noise protection, low walls were erected between the line terminus and Technische Akademie (► p. 70), located on the edge of Nellingen.

⑤ **Ostfildern-Nellingen** - Endstation mit doppelstöckiger Überdachung. Da der Bau eines Tunnels unter der zentralen Hindenburgstraße zu teuer erschien, endet die U7 einige hundert Meter vom eigentlichen Ortszentrum. Von 1926 bis 1978 war Nellingen durch die Straßenbahnen der END (► S. 9) von Esslingen aus schienenmäßig angeschlossen.

- a 2-level roof characterises the U7 terminus, which lies a few hundred metres from the actual town centre as the projected tunnel along Hindenburgstraße was scrapped due to excessive costs. Between 1926 and 1978, Nellingen had been linked by END trams from Esslingen (► p. 9).

Ruhbank (Fernsehturm)

U15 [Stammheim –] Zuffenhausen – Ruhbank (– Heumaden)

Als letzte Stuttgarter Straßenbahnlinie wurde auch die Linie 15 im Dezember 2007 auf Stadtbahnbetrieb umgestellt. Laut Stadtbahnkonzept von 1976 sollte diese Linie, ähnlich der Linie 2, durch Busse ersetzt werden, da ein durchgehender Ausbau auf eigenem Gleiskörper unmöglich erschien. Solange die GT4-Fahrzeuge einsatzbereit waren, war es jedoch auch keine Schwierigkeit, den Mischbetrieb aufrechtzuerhalten, da die Bahnsteige entlang der Mischstrecke ohnehin mit einer Länge von 115-120 m genug Platz für einen Niedrigbahnsteigabschnitt hatten und ein 3-Schienen-Gleis vorhanden war. Da die GT4-Fahrzeuge mittlerweile seit etwa 40 Jahren im Einsatz waren, musste eine Entscheidung über die Zukunft der Linie 15 gefällt werden. Die U15 fährt heute wie alle anderen Linien tagsüber im 10-Minuten-Takt, in den Hauptverkehrszeiten wird sie im Süden bis Heumaden verlängert, und bis voraussichtlich 2010 im Norden bis Mönchfeld.

Am 2. Juli 2002 beschloss die Stadt das Stadtbahnnetz mit dem Abzweig Zuffenhausen – Stammheim zu ergänzen. Am 21. Januar 2003 folgte die Entscheidung, auch den Südast vom Olgaeck zur Ruhbank für den Stadtbahnbetrieb umzubauen. Der mittlere Abschnitt war ohnehin Teil des U12-Projekts (► S. 70) und wurde daher nicht in Frage gestellt.
Seit 9. Dezember 2007 fährt die U15 nun zwischen Ruhbank und Zuffenhausen Kelterplatz, wo für die 3-jährige Übergangszeit eine Wendeanlage errichtet werden musste. Gleichzeitig wurde der Straßenbahnbetrieb auf der Strecke nach Stammheim eingestellt, um den Bau des Tunnels durch Zuffenhausen zu ermöglichen (Projekt U15-Nord ► S. 70).

In December 2007, line 15 became the last tramway line in Stuttgart to be converted to Stadtbahn operation. According to the plans approved in 1976, this line, like line 2, was to be closed down and replaced by buses as it seemed impossible to build a separate right-of-way along the entire route. As long as the GT4 tram vehicles were available for operation, there was no problem in maintaining the mixed Stadtbahn/tram service, because the platforms along the shared routes were long enough (115-120 m) to provide a low-floor section, and 3-rail tracks had been laid anyway. But with the GT4 trams having been in service for over 40 years, a decision about line 15 had to be taken. Like all the other lines, line U15 is operated every 10 minutes during daytime service. During peak hours, it is extended to Heumaden in the south, and probably until 2010, to Mönchfeld in the north.

On 2 July 2002, the city council decided to add the northern leg from Zuffenhausen to Stammheim to the Stadtbahn

U15
12,9 (+3,4) km (ca. 2,4 km unterird. | *underground*)
[+ 2,9 km (ca. 0,8 km unterird. | *underground*)]*
24 (+5) Haltestellen | *Stops* (4 unterird. | *underground*)
[+ 7 Haltestellen | *Stops* (1 unterird. | *underground*)]*

Beginn des Stadtbahnbetriebs | *Start of Stadtbahn operation*

09-12-2007 Zuffenhausen Kelterplatz – Olgaeck – Geroksruhe – Ruhbank
~ 2010 Zuffenhausen Hohensteinstraße – Stammheim*

* im Bau | *under construction*

Die Abschnitte der U15 sind nicht nur die neuesten Stadtbahnstrecken, sondern sie gehörten auch zu den neueren Straßenbahnrouten. Vom Zentrum zum Pragfriedhof fuhren allerdings bereits 1886 Pferdebahnen (Nordwesttram). Die Strecke wurde als elektrische ‚Praglinie' 1902-06 zum Nordbahnhof verlängert, wo ab 1909 die Vorortstraßenbahnlinien nach Zuffenhausen und Feuerbach angeschlossen wurden. Die Nordstrecke wurde 1936 bis zur Wimpfener Straße und schließlich 1950 bis Stammheim verlängert. Während der steilste Abschnitt der Südstrecke von Olgaeck bis ca. Heidehofstraße bereits seit 1900 von Straßenbahnen befahren wurde, entstand der Rest in mehreren Etappen, bis die Tram schließlich 1930 Sillenbuch und 1967 Heumaden erreichte hatte. Mit der Liniennummer 15 verkehrte die Tram erst seit 1990 auf der Strecke Stammheim – Ruhbank – Heumaden, vorher fuhr die Linie 5 nach Stammheim und die 15 nach Freiberg; auf dem Südast ist die ‚15' seit 1982 zu sehen.

Für den Stadtbahnbetrieb auf dem mittleren Abschnitt Türlenstraße – Löwentor musste auf einer Länge von 900 m eine provisorische Trasse über die Friedhofstraße gebaut werden, die so lange benutzt wird, bis die unterirdische Ausfädelung südlich des U-Bahnhofs Türlenstraße im Rahmen des Großprojekts Stuttgart 21 hergestellt ist. Diese würde nach dem heutigen Stand der Planungen am Budapester Platz eine oberirdische Haltestelle bedienen, dann die Wolframstraße auf einer Brücke überqueren und schließlich auch an der Station Milchhof in Tieflage halten. Auf Höhe der Eckartstraße würde die im Dezember 2007 eröffnete Strecke erreicht werden.

Ausschlaggebend für den Umbau des 4,8 km langen Südastes war nicht zuletzt die Lage mehrerer Schulen in ihrem Einzugsbereich. Der Schülerverkehr hätte kaum alleine durch Busse abgewickelt werden können. Auf einem Abschnitt von ca. 2 km, zwischen Pfizerstraße und der Haltestelle Payerstraße steht kein eigener Gleiskörper zur Verfügung, die U15 fährt also straßenbündig. Zwischen Olgaeck und Heidehofstraße muss die U15 eine Steigung von bis zu 8,5% überwinden, wozu eine Ausnahmegenehmigung eingeholt werden musste. Der obere Abschnitt zwischen Stelle und Ruhbank, der früher durch den Wald führte, wurde für die Stadtbahn durchgehend in Randlage der Jahnstraße und Mittleren Filderstraße neu trassiert.

network; this was followed by a decision on 21 Jan 2003 to upgrade the southern leg from Olgaeck to Ruhbank, too. The central section had never been in question as it was also part of the U12 project (► p. 70).

Since 9 Dec 2007, line U15 has been running between Ruhbank and Zuffenhausen Kelterplatz, where reversing facilities had to be built for a 3-year transition period. At the same time, tram operation on the Stammheim branch was discontinued to allow for the construction of the Zuffenhausen tunnel (U15 north ► p. 70).

The routes served by line U15 are not only the latest Stadtbahn sections, they were also among the last additions to the tramway network. Between the city centre and Pragfriedhof (Prag cemetery), however, horse tramways had begun operating by as early as 1886 (Nordwesttram). Once electrified, the 'Praglinie' was extended to Nordbahnhof between 1902 and 1906, from where suburban tramways continued to Zuffenhausen and Feuerbach from 1909 on. The northern route was extended to Wimpfener Straße in 1936, and eventually to Stammheim in 1950.

While the steepest section of the southern leg from Olgaeck to a point near the present Heidehofstraße stop had been served by tramways since 1900, the rest of the line was only opened in various stages, reaching Sillenbuch in 1930 and finally Heumaden in 1967. The line number 15 has only been used for the entire route from Stammheim to Ruhbank and Heumaden since 1990, prior to which, line 5 served the Stammheim branch, and line 15 the branch to Freiberg; on the southern leg, the number 15 has been seen since 1982.

On the central section between Türlenstraße and Löwentor, the upgrading to Stadtbahn standard meant the construction of a temporary 900 m route along Friedhofstraße, to be used until the grade-separated underground junction south of Türlenstraße is completed, which will be done in conjunction with the 'Stuttgart 21' project. The future route will serve a surface station at Budapester Platz, then cross Wolframstraße on a bridge before finally stopping at Milchhof on level -1. Only at Eckartstraße, it will join the right-of-way which opened in December 2007.

The existence of various schools was one of the factors that influenced the decision to upgrade the 4.8 km southern leg of line 15, too, as the transport of large numbers of students would not have been manageable with buses alone. Along an approximately 2 km section between Pfizerstraße and the stop at Payerstraße, it was not possible to build a separate right-of-way, so line U15 has to share lanes with cars. Between Olgaeck and Heidehofstraße, line U15 has to negotiate a maximum gradient of 8.5%, which required a special authorization. The upper section between Stelle and Ruhbank, which used to run through the forest, was re-aligned alongside the roads Jahnstraße and Mittlere Filderstraße.

Heidehofstraße > Eugensplatz

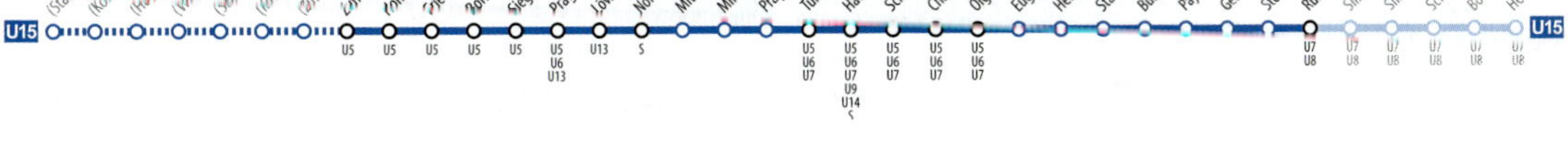

① **Stammheim** - bis Dezember 2007 Endschleife der letzten Stuttgarter Straßenbahnlinie, 350 m von der bekannten Strafvollzugsanstalt entfernt. Die Endstelle der Stadtbahn wird etwa 100 m weiter südlich liegen.
- until Dec 2007, this was the terminal loop for Stuttgart's last tramway line, located 350 m from the famous Stammheim Prison. The future terminus for the Stadtbahn will lie 100 m further south.

② **Stammheim Rathaus** - die zukünftige Stumpfendstelle wird hinter dem Gebäude rechts liegen, wofür mehrere Häuser abgerissen werden müssen.
- for the future terminus, which will be located behind the building on the right, several houses will have to be demolished.

③ **Heutingsheimer Straße** - zwischen Endpunkt Stammheim und dieser Haltestelle wird auch die U15 im Straßenraum verkehren. Während an der Korntaler Straße ein Mittelbahnsteig mit vom Individualverkehr befahrbaren Gleisen errichtet wird, sind an der Heutingsheimer Straße Seitenbahnsteige geplant.
- between the Stammheim terminus and this stop, the Stadtbahn line U15 will also use the car lanes. While at Korntaler Straße an island platform with tracks embedded in the roadway is planned, side platforms will be built at Heutingsheimer Straße.

④ **Wimpfener Straße** - nach Unterqueren der B10 und Überqueren einer DB-Güterstrecke auf eigenem Gleiskörper wird die U15 in der Stammheimer Straße die Haltestelle Wimpfener Straße erreichen, die im Vergleich zur früheren Straßenbahnhaltestelle um 80 m nach Süden verschoben und auf einem 250 m langen straßenbündigen Abschnitt liegen wird.
- after passing under the B10 road and over a DB freight line on a dedicated right-of-way, line U15 will reach the Wimpfener Straße stop, which will be relocated 80 m further south of the former tram stop along a 250 m on-street section.

①

②

③

④

① **Salzwiesenstraße** - an der Einfahrt zum ehemaligen Straßenbahnmuseum, das in die Remise Bad Cannstatt umgezogen ist, beginnt die Tunnelrampe, in der die Haltestelle Salzwiesenstraße angelegt wird. Der Mittelbahnsteig wird von der Südseite über eine Rampe zugänglich sein. Der Tunnel unter den DB-Gleisen und der B10/B27 wird sehr tief geführt, um eine eventuelle Tieferlegung dieser Verkehrswege zu ermöglichen.
- the U15 route will reach the ramp to the Zuffenhausen tunnel right at the entrance to the former tramway museum, which has been moved to the depot at Bad Cannstatt. The Salzwiesenstraße stop will be located at the tunnel mouth; from the southern side, its island platform will be accessible via a ramp. The tunnel under the DB tracks and the B10/B27 dual carriageway will run at a great depth to allow for a possible future road/rail tunnel.

② **Kirchtalstraße** > **Salzwiesenstraße** - der Tunnel Zuffenhausen wird etwa an diesem Punkt (unweit des westlichen Ausgangs des U-Bahnhofs Kirchtalstraße) nach rechts unter der Güglinger Straße weiterführen.
- at this point (near the western entrance to the future Kirchtalstraße underground station), the Zuffenhausen tunnel will turn right and continue beneath Güglinger Straße.

③ **Zuffenhausen Rathaus** - um den Emil-Schuler-Platz am unteren Ende der Unterländerstraße vor der Pauluskirche nicht zu beeinträchtigen, wurde die Rampenhaltestelle Zuffenhausen Rathaus östlich der Ludwigsburger Straße geplant.
- in order to preserve Emil-Schuler-Platz, a square in front of St. Paul's church at the lower end of Unterländerstraße, the surface stop Zuffenhausen Rathaus will be located at the eastern side of Ludwigsburger Straße.

①

②

③

① **Hohensteinstraße** - zwischen Sieglestraße und Hohensteinstraße können die Hochbahnsteige nun auf 80 m verlängert werden (► S. 75).
- between Sieglestraße and Hohensteinstraße the high platforms can now be extended to 80 m (► p. 75).

② **Pragsattel** - wegen des vorhandenen 80 m langen Mittelbahnsteigs ist die Anhebung der niedrigen Seitenbahnsteige nach Beendigung des Straßenbahnbetriebs nicht dringend erforderlich.
- due to the existing 80 m island platform, raising the low-floor section is not urgently required now that tram operation has ceased.

③ **Mittnachtstraße** - bereits als Straßenbahnstrecke städtebaulich gut eingebundener Abschnitt.
- even during its tramway years the route was well-integrated into the urban environment in this area.

④

④ **Milchhof** - kleine Mauern schützten die Fahrgäste vor dem Straßenverkehr, heute befindet sich hier ein Mittelbahnsteig.
- low walls used to protect passengers from road traffic, now this stop has a high island platform.

⑤ **Türlenstraße** > **Pragfriedhof** - Einfahrt aus der Friedhofstraße in den Tunnel – für die Stadtbahn musste der Radius auf 50 m erweitert werden.
- access to the tunnel from Friedhofstraße – for the Stadtbahn, the radius had to be increased to 50 m.

⑥ **Türlenstraße (Bürgerhospital)** - das südliche Bahnsteigende bleibt nun ungenutzt, da sich in diesem Bereich keine Ausgänge befinden und die vorhandenen Hochbahnsteige für Doppeltraktionen ausreichen.
- the southern parts of the platforms are now out of service, as there are no exits in this area and the existing high-level platforms are long enough for 4-car trains.

⑤

⑥

①

②

① **Nordbahnhof** > **Löwentor** - eleganter Fußgängersteg aus der Zeit der Internationalen Gartenbau-Ausstellung 1993 auf dem Killesberg.
- elegant footbridge built for the 1993 Garden Show on Killesberg.

② **Nordbahnhof** - abgesenkte Gleise mit 80 m langen Bahnsteigen, von der stadteinwärtigen Seite besteht ein direkter Zugang zum S-Bahnhof.
- lowered trackbed with 80 m platforms; from the inbound side, direct access to the S-Bahn station is provided.

③ **Mittnachtstraße** > **Nordbahnhof** - im Vordergrund das Viadukt der Gäubahn, im Hintergrund die Brücken der S-Bahn und er Ferngleise Richtung Feuerbach.
- the Gäubahn viaduct is visible in the foreground, with the bridges of the S-Bahn and the mainline railway to Feuerbach in the background.

③

④ **Mittnachtstraße** - eine Besonderheit dieses Abschnitts stellen die abgesenkten Gleise im Haltestellenbereich dar, so dass die Hochbahnsteige (hier nur 40 m) nicht als so störend empfunden werden.
- a special feature along this stretch are the lowered tracks, which reduce the visual impact of the high platforms (here only 40 m).

⑤ **Pragfriedhof** - diese Haltestelle wird nach dem Bau der direkten Strecke Hauptbahnhof – Milchhof entfallen.
- this stop will be abandoned once the direct route from Hauptbahnhof to Milchhof has been completed.

④

⑤

①

②

③

① **Hauptbahnhof (Arnulf-Klett-Platz)** - ‚Tiefbahnsteig' für die Linie 15.
- low-level platform for tram line 15.
② **Olgaeck** > **Charlottenplatz** - seit 1967 und bis auf Weiteres verlassen die Züge den Innenstadttunnel auf einer ‚provisorischen' Rampe.
- since 1967, trains have been leaving the city tunnel on a 'temporary' ramp, which they will continue doing for the foreseeable future.
③ **Stafflenbergstraße** - weitgehend fertig gestellter Mittelbahnsteig im März 2007. Für Sonderfahrten mit Museumsstraßenbahnen wurde die Strecke zur Ruhbank dreischienig ausgebaut.
- mostly completed high platform pictured in March 2007. The route to Ruhbank was rebuilt with 3-rail tracks to allow special rides with heritage tramway vehicles.

④

④ **Geroksruhe** - ehemalige Haltestelle an derselben Stelle des heutigen Mittelbahnsteigs; im Vordergrund das ehem. Schleifengleis.
- former tram stop at the location of the present island platform; the track in the foreground once led to an intermediate terminal loop.
⑤ **Stelle** > **Ruhbank** - frühere Waldstrecke – die neue Stadtbahntrasse liegt direkt neben der Straße.
- former route through the forest – the new Stadtbahn route runs alongside the road.
⑥ **Ruhbank (Fernsehturm)** - für Museumstraßenbahnen blieb die Schleife Ruhbank, wo die Linie 15 von 1999 bis 2007 endete, erhalten.
- the loop at Ruhbank, which was the terminus for line 15 from 1999 until 2007, was preserved for the heritage tram rides.

⑤

⑥

① **Eugensplatz (Jugendherberge)** - während die Trasse der Stadtbahn vom Individualverkehr mitbenutzt wird, gehen die neuen Hochbahnsteige über Stufen in den Platz über.
- whereas the tracks remain embedded in the roadway, the new high platforms are integrated with the adjacent square via a flight of steps.

② **Bubenbad** - wie an der Haltestelle Payerstraße versetzt angeordnete Bahnsteige.
- like at Payerstraße, staggered side platforms are located at either side of the road junction.

③ **Geroksruhe** > **Payerstraße** - eigener Gleiskörper in Straßenmitte mit Aussicht über die Innenstadt.
- separate right-of-way along the middle of the road with view over the city centre.

④ **Geroksruhe** - Mittelbahnsteig in östlicher Randlage der Jahnstraße, mit für den Südast der U15 typischen Bahnsteigdach (▶ S. 106 ④).
- island platform on the eastern side of Jahnstraße, with the standard shelter found on the southern U15 leg (▶ p. 106 ④).

⑤ **Stelle** > **Ruhbank** - Neubaustrecke entlang der Jahnstraße als Ersatz für die Waldstrecke (▶ S. 106 ⑤).
- new route parallel to Jahnstraße which replaced the former alignment through the woods (▶ p. 106 ⑤).

① **GT4** - zwei Wagen von 1961 | *two cars from 1961.*
② **GT4** - modernisierter Innenraum | *refurbished passenger compartment.*
③ **DT8** - (U13 Augsburger Platz) - Klapptrittstufen | *folding steps.*
④ **DT8.4-9** - modernisierter Innenraum - *refurbished passenger compartment.*
⑤ **DT8.4** - Wagen Nr. 3045 | *Car 3045.*
⑥ **DT8.11** - Wagen Nr. 3372 mit Übergang zwischen den beiden Wagen - *Car 3372 with gangway between the two cars.*
⑦ **DT8.10** - Wagen Nr. 3342 | *Car 3342.*

Seit 1959 prägte der meterspurige Gelenktriebwagen **GT4** das Bild der Stuttgarter Straßenbahn. Von diesem in der Maschinenfabrik Esslingen hergestellten Fahrzeug wurden 350 Wagen an die SSB geliefert. Die letzten der 18,80 m langen und 2,20 m breiten Wagen, die auch in Doppeltraktion eingesetzt werden, wurden 1965 produziert, ab 1989 wurden 48 Fahrzeuge zu ‚GT4 2000' modernisiert. Durch die Umstellung auf Stadtbahnbetrieb wurden die GT4 in Stuttgart allmählich entbehrlich und landeten in anderen deutschen Städten wie Ulm, Augsburg, Nordhausen, Halle (Saale), Halberstadt oder Brandenburg an der Havel, sowie in den rumänischen Städten Arad und Iaşi. Am 8. Dezember 2007 wurde der Linienbetrieb auf der Linie 15 eingestellt, womit das Zeitalter des GT4 in Stuttgart nach 48 Jahren zu Ende ging.

*The image of the Stuttgart tram system was characterised for many years by the metre-gauge **GT4** articulated tram vehicle, which was first introduced in 1959. 350 cars of this type were built at the Maschinenfabrik Esslingen for the SSB, the last being delivered in 1965. They are 18.80 m long and 2.20 m wide, and can operate in double units. From 1989, 48 cars were refurbished to become the 'GT4 2000'. With many lines being upgraded to Stadtbahn operation, the GT4 cars gradually became redundant, and many were transferred to other German cities like Ulm, Augsburg, Nordhausen, Halle (Saale), Halberstadt and Brandenburg an der Havel, or to Romanian cities such as Arad and Iaşi. On 8 Dec 2007, regular service on the old line 15 was discontinued, bringing an end to the GT4 car's 48 years of service in Stuttgart.*

Serie *Class*	Wagennr. *Car numbers*	Baujahr *Year*	Hersteller (elektr. Ausrüstung) *Manufacturer (el. equipment)*	Anmerk. *Notes*
DT 8.1	3001-3002	1981	MAN (AEG/Siemens)	1)
DT 8.2	3003-3004	1982	MAN (AEG/Siemens)	1)
DT 8.3	3005-3006	1982	MAN (BBC)	1)
DT 8.4	3007-3086	1985/86	DUEWAG (BBC/AEG/Siemens)	2)
DT 8.5	3087-3104	1988	DUEWAG (BBC/AEG/Siemens)	2)
DT 8.6	3105-3168	1989/90	DUEWAG (BBC/AEG/Siemens)	
DT 8.7	3169-3180	1989/90	DUEWAG (BBC/AEG/Siemens)	2)
DT 8.8	3181-3202	1993	DUEWAG (BBC/AEG/Siemens)	
DT 8.9	3203-3234	1996	DUEWAG (BBC/AEG/Siemens)	
DT 8.10	3301-3346	1999/2000	Siemens (Siemens/ADtranz	
DT 8.11	3347-3400	2004/05	Bombardier	

1) Prototypwagen, 1990 ausgemustert | *Prototype cars, scrapped in 1990*
2) mit Klapptrittstufen | *with folding steps*

④

⑤

Für den normalspurigen Stadtbahnbetrieb wurde für Stuttgart ein eigenes Fahrzeug entwickelt, das sich zwar vom Stadtbahnwagen A, wie er für das Rhein-Ruhr-Gebiet konzipiert worden war, ableitet, jedoch an die besonderen Verhältnisse, besonders die starken Steigungen, in Stuttgart anpasst. Daran waren die Firmen DUEWAG, AEG, Siemens und SGP beteiligt, das Design stammte von Lindinger & Partner. Die ersten Prototypen wurden anfangs mangels Normalspurgleise in Stuttgart stattdessen auf der Albtalbahn im Raum Karlsruhe getestet.

Der **DT8** ist ein achtachsiger Doppeltriebwagen, mit einer Länge über Kupplung von 38,80 m, einer Breite von 2,65 m und einer Höhe von 3,72 m. Die Fußbodenhöhe beträgt 1000 mm über Schienenoberkante. Wegen der starken Steigungen sind alle Achsen angetrieben. Die Stromzufuhr mit 750 V Gleichstrom erfolgt über Oberleitung. Die maximale Geschwindigkeit liegt bei 80 km/h. Für den Einsatz auf den Talquerlinien ab 1990 konnten schon früh Fahrzeuge ohne Klapptrittstufen bestellt werden.

Während sich die Baureihen 8.4 bis 8.9 optisch kaum unterscheiden, sind die neueren Fahrzeuge der Serien 8.10 und 8.11 leicht zu erkennen an ihrer unten abgerundeten Frontscheibe und dem abgedeckten Bereich beiderseits der Scharfenberg-Kupplung, jedoch vor allem am Übergang zwischen den beiden Wagen, wodurch sich ihre Länge auf 38,56 m reduziert. Auf den Linien U6, U7 und U11 können derzeit aufgrund vorhandener Bahnsteige mit der entsprechenden Länge (min. 67 m) auch Doppeltraktionen eingesetzt werden, die mit 77,5 m zu den längsten Stadtbahnzügen in Deutschland zählen. Im Mai 2007 begann ein fünfjähriges Modernisierungsprogramm für insgesamt 60 Fahrzeuge. Den 164 Stadtbahnfahrzeugen stehen drei Betriebshöfe zur Verfügung: Möhringen mit SSB-Hauptwerkstätte, Heslach und Aldingen (Remseck).

For the standard-gauge Stadtbahn system, a new vehicle was developed for Stuttgart; it is based on the Stadtbahn 'type A' car designed for the Rhine-Ruhr area, but it had to be adapted to the special requirements found in Stuttgart, particularly the steep gradients. DUEWAG, AEG, Siemens and SGP participated in this project, the design coming from Lindinger & Partner. The first prototype cars had to be tested on the Albtal Railway near Karlsruhe as there were no standard-gauge tracks available in Stuttgart at that time.

The DT8 is an 8-axle unit with two permanently coupled cars, and is 38.80 m long incl. couplers, 2.65 m wide and 3.72 m high. The floor height is 1000 mm above the top of the rail. Due to the steep slopes, all axles are motorised. 750 V dc is supplied via a catenary. The maximum speed is 80 km/h. For service on the cross-valley lines, vehicles without folding steps were delivered in as early as 1990.

While the series 8.4 to 8.9 are basically identical, the newer vehicles of the series 8.10 and 8.11 can easily be distinguished by their front window, which is rounded at the lower side, as well as by the covering on either side of the Scharfenberg coupler. The most distinctive feature for the passengers, however, is the gangway between the two permanently coupled cars, which reduce the overall length to 38.56 m. Lines U6, U7 and U11 can be served with double units as their respective platforms have the minimum length of 67 m. At 77.5 m, a 4-car DT8 train is one of the longest Stadtbahn trains in Germany. In May 2007, a 5-year modernisation scheme started for a total of 60 vehicles.

Three depots are available for the 164 Stadtbahn cars: Möhringen (including the SSB main workshop), Heslach and Aldingen (Remseck).

⑥

⑦

Haigst

10 Marienplatz – Degerloch

Nachdem die westlichen Filder ab 1879 durch die Gäubahn mit Stuttgart verbunden waren, verstärkte sich der Wunsch der mittleren Filder, auch eisenbahnmäßig an die Hauptstadt des Königreichs Württemberg angeschlossen zu werden. Dazu musste jedoch ein Höhenunterschied von ca. 200 m überwunden werden. Nach vielen eingebrachten, jedoch unrealistischen Vorschlägen und dem Desinteresse des Staats nahmen die Fildergemeinden das Projekt selbst in die Hand. Emil von Kessler, Mitinhaber der Maschinenfabrik Esslingen, beantragte im Juni 1883 eine Genehmigung zum Bau einer 1,93 km langen Zahnrad-Dampfstraßenbahn nach dem ‚System Riggenbach', wie sie bereits seit 1871 von Vitznau auf den Rigi in der Schweiz verkehrte. Die Vorbereitungen begannen sofort, so dass mit Erteilung der Baugenehmigung am 28. April 1884 die eigentlichen Bauarbeiten unmittelbar beginnen konnten. Der Bau wurde in einer heute unvorstellbaren Rekordzeit durchgeführt, so dass die Zahnradbahn von Stuttgart nach Degerloch am 23. August 1884 eröffnet werden konnte. Der Talbahnhof lag in der Filderstraße, etwa 170 m von der heutigen Endstation am Marienplatz, auf einer Höhe von 272 m über N.N. Die meterspurige Strecke, zwischen deren Gleisen eine Zahnstange aus zwei Stahlschienen verlegt worden war, folgte mit max. 17,2% Steigung meist der Alten Weinsteige. Die Neue Weinsteige wurde auf einer 110 m langen Brücke überquert, die eigentlich für eine türkische Eisenbahn gebaut, aber nie dorthin geliefert worden war. Im Bereich der Haltestelle Nägelestraße erreichte die Bahn auf 473 m über N.N. ihren höchsten Punkt. Der heutige Halt Zahnradbahnhof erinnert noch an die Lage des damaligen Degerlocher Endbahnhofs. Für den Betrieb sowie für den Bau von Anschlussstrecken auf den Fildern war

Once the western Filder plateau had been linked to Stuttgart via the Gäubahn in 1879, the central Filder area's desire for a similar rail link became stronger, even though this would imply the negotiation of a 200 m difference in altitude. After many unviable proposals and experiencing a lack of interest on the side of the State of Württemberg, the Filder municipalities decided to go ahead on their own. Emil von Kessler, co-owner of the Maschinenfabrik Esslingen, applied in June 1883 for permission to build a 1.93 km steam-hauled rack railway following the 'Riggenbach system', like the one that had already been operating in Switzerland from Vitznau up to the Rigi mountain since 1871. While waiting for the concession to be granted, he had carried out all sorts of preparatory work, before construction officially started on 28 April 1884, immediately after he had received the go-ahead. As a result, the line was completed in only four months, nowadays an unbelievably short period, and commercial operation between Stuttgart and Degerloch began on 23 Aug 1884. The lower terminus was located on Filderstraße, some 170 m from the present terminus on Marienplatz and 272 m above sea level. The metre-gauge route had a maximum gradient of 17.2% and mostly followed a road called the Alte Weinsteige. Between the two rails, there was a gear rack made of two steel rails. The Neue Weinsteige, another road, was crossed on a 110 m viaduct which had actually been built for a Turkish railway, but never delivered. Around

10 – *"Zacke"*
2,2 km
8 Haltestellen | *Stops*

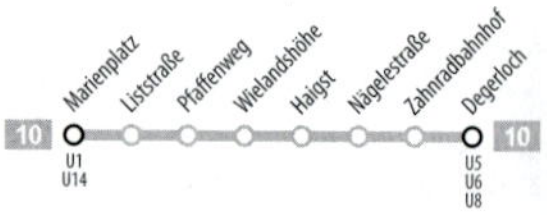

am 13. Juli 1884 die ‚Filderbahn-Gesellschaft' (FBG) gegründet worden. Die Zahnradbahn war von Anfang an ein Erfolg, so dass die Anzahl der verkehrenden Zugpaare innerhalb eines Jahres von acht auf 14 erhöht wurde.

Während die Stuttgarter Straßenbahnen bereits 1897 elektrisch fuhren und auch die Adhäsionsstrecken der Filderbahn 1902 auf die neue Antriebsart umgestellt worden waren, gab es bei der Elektrifizierung der Zahnradbahn einige Kinderkrankheiten zu überwinden, so dass die alten Dampflokomotiven noch bis zum 1. Mai 1904 im regelmäßigen Einsatz blieben. Im Zuge der Elektrifizierung war eine Ausweiche an der Haltestelle Wielandshöhe in Streckenmitte eingebaut worden. 1907 wurde die Talstation umgebaut und erhielt die bis heute erhaltene Jugendstilfassade. Nachdem die FBG 1905 in der ‚Württembergischen Nebenbahnen AG' (WN) aufgegangen war, wurde diese 1920 an die Stadt Stuttgart übergeben und die SSB mit dem Betrieb der Filderbahnstrecken beauftragt; seit 1934 ist die SSB Eigentümerin dieser Strecken. Zur besseren Integration in das städtische Netz verlegte die SSB die Talstation der Zahnradbahn direkt auf den Marienplatz, wozu der Neubau einer etwa 200 m langen Strecke mit einer 79 m langen Stahlbetonbrücke über die Filder- und Hauptstätter Straße erforderlich war. Die neue zweigleisige Talstation wurde am 21. Dezember 1936 in Betrieb genommen, der alte Bahnhof dient der Zahnradbahn bis heute als Betriebshof. Gleichzeitig begannen neue Fahrzeuge ihren Dienst. Ab 1959 trug die Zahnradbahn die Liniennummer 30.

Als 1976 der Aufbau eines Stadtbahnnetzes geplant wurde, beschloss man schließlich auch, die Zahnradbahn zu modernisieren, woraufhin 1977 der Endbahnhof in Degerloch umgebaut wurde. Seit 1978 trägt die im Volksmund ‚Zacke' genannte Linie die Nummer 10. Die Strecke wurde im Sommer 1980 erneuert und auf eigenen Gleiskörper verlegt.

Ab 1982 ersetzten die neuen Fahrzeuge des Typs ZT4 die älteren von 1935/37 (Nr. 101/103) bzw. 1950 (Nr. 104/105). Der ZT4 wurde gestalterisch an den damals ebenfalls in Vorbereitung befindlichen DT8 angelehnt. Die drei von MAN, SLM (Drehgestelle) und AEG hergestellten Wagen (1001-1003) sind 19,25 m lang, 2,65 m breit und 3,72 m hoch, und haben zwei Führerstände. Sie führen am bergseitigen Ende ein Fahrradlore mit, die nur auf der Bergfahrt benutzt werden darf. Der Einstieg in die hochflurigen Fahrzeuge erfolgt von niedrigen Bahnsteigen über drei feste Stufen.

1994 wurde die Zahnradbahn um ca. 240 m bis zum Albplatz in Degerloch verlängert, wo sie nun direkt über dem U-Bahnhof hält. Heute verkehrt die Zahnradbahn ab Marienplatz von 5:15 bis 20:45 alle 15 Minuten, anschließend bis 0:40 fährt ein ‚Linientaxi' alle 20 Minuten auf dieser Strecke.

Zahnradbahn anno 1972 (Nägelestraße - Foto © Jon Bell)

Pfaffenweg > Listraße

the Nägelestraße stop, the railway reaches its highest point at 473 m above sea level. The present stop called Zahnradbahnhof indicates the location of the original upper terminus.

The 'Filderbahn-Gesellschaft' (FBG) was founded on 13 July 1884 for both the operation of the rack railway as well as the construction of connecting adhesion railways across the Filder plateau. The rack railway was an immediate success, and within the first year, the number of daily trains had to be increased from eight to fourteen in each direction.

While the Stuttgart tramways had been electrified by 1897, and even the adhesion railways of the Filderbahn had started electric operation in 1902, the electrification of the rack railway suffered some teething problems, so that the old steam locomotives remained in service until 1 May 1904. In conjunction with the electrification, a passing loop was added at Wielandshöhe, about halfway along the route. In 1907, the lower terminus was rebuilt with an art-nouveau facade that is still preserved today. With the FBG having been absorbed by the 'Württembergische Nebenbahnen AG' (WN) in 1905, it was handed over to the city of Stuttgart in 1920, with its operation being transferred to the SSB; since 1934, the SSB has been the owner of the rack railway. To provide a better connection with the urban tramway system, the lower terminus was then moved to Marienplatz, which necessitated the construction of a 79 m reinforced concrete bridge across Filderstraße and Hauptstätter Straße; the new double-track terminus opened on 21 Dec 1936, while the old terminus has been used as a depot ever since. At the same time, new vehicles were introduced. From 1959, the rack railway carried the line number '30'.

When the construction of a Stadtbahn network was planned in 1976, the modernisation of the rack railway was approved, too. The Degerloch terminus was thus rebuilt in 1977. Since 1978, the line popularly known as the 'Zacke' has been labelled number '10'. The route was finally upgraded in summer 1980 and entirely separated from road traffic.

In 1982, the older vehicles from 1935/37 (#101 and #103) and 1950 (#104 and #105) were replaced by the new class ZT4, which was designed to resemble the DT8 car. The three cars (1001-1003) were built by M.A.N., SLM (bogies) and AEG; they are 19.25 m long, 2.65 m wide and 3.72 m high, and have two driver's cabs. At the mountain end, there is a bicycle wagon, which may only be used in the uphill direction. Access into the high-floor vehicles is from low platforms via three fixed steps.

In 1994, the rack railway was extended at the Degerloch end by some 240 m to Albplatz, where it now terminates directly above the Stadtbahn underground station. Between 05:15 and 20:45, trains leave Marienplatz every 15 minutes, and until 00:40, the route is served every 20 minutes by a taxi.

① **Marienplatz** - Endhaltestelle auf dem Marienplatz, 1936 eröffnet, 1967-1971 im Zuge des Stadtbahnbaus umgebaut, und schließlich am 6. Dez. 2002 in seiner heutigen Form neu eröffnet. Die Aufzüge führen direkt auf die Bahnsteige der U1/U14 (▶ S. 20).
- the terminus on Marienplatz, opened in 1936, was rebuilt in conjunction with the underground Stadtbahn station between 1967 and 1971, and eventually re-opened in its present form on 6 Dec 2002; the lifts lead directly to the U1/U14 platforms (▶ p. 20).

② **Liststraße** > **Marienplatz** - 2002 erneuerte Brücke über die Filderstraße, unmittelbar nach Abfahrt vom Marienplatz.
- found just after leaving the Marienplatz terminus, this bridge across Filderstraße was rebuilt in 2002.

③ **Liststraße** - als Bahnsteig dient ein leicht erhöhter Bürgersteig. Wenige Meter nach dieser Haltestelle schwenkt das Streckengleis nach links zum Marienplatz hinunter, während es geradeaus in den Betriebshof geht.
- a slightly raised pavement acts as a platform. A few metres beyond this stop, the running track turns left down towards Marienplatz, while a straight track continues to the depot.

④⑤ **Wielandshöhe** - seit 1903 Ausweichmöglichkeit in der Streckenmitte. Zwischen Haigst und Pfaffenweg kann man die schöne Aussicht über den Stuttgarter Talkessel genießen (▶ S. 4).
- passing loop added about halfway along the route in 1903. Between Pfaffenweg and Haigst, the rack railway provides a splendid view across the Stuttgart valley (▶ p. 4).

① **Nägelestraße** > **Haigst** - neue, 119 m lange ‚Türkenbrücke' von 1965 über die Neue Weinsteige. Bis 1990 fuhr noch die Straßenbahn auf dieser Straße vom Bopser nach Degerloch.
- second-generation, 119 m viaduct ('Türkenbrücke') across Neue Weinsteige from 1965. Until 1990, this road carried trams from Bopser to Degerloch.

② **Nägelestraße** - mit 473 m über N.N. höchster Punkt der Strecke, von hier geht es in einem leichten Gefälle zum früheren Zahnradbahnhof Degerloch weiter.
- at 473 m above sea level, this is the highest point along the route; from here, the trains descend slightly to the original Degerloch terminus.

③ **Zahnradbahnhof** > **Nägelestraße** - die Zahnradbahn überquert die Jahnstraße unmittelbar vor Ankunft an der alten Endstation, von der heute nichts mehr zu sehen ist.
- the rack railway crosses Jahnstraße just before arriving at the former terminus, which has totally disappeared.

④ **Zahnradbahnhof** - früher Endstation und Umsteigepunkt zu den Filderbahn-Adhäsionsstrecken nach Möhringen, Vaihingen, Hohenheim und Neuhausen; neben den Endstationen heute einziger Zacke-Halt mit Stadtbahn-Logo;
- this is the location of the original terminus from where the adhesion railways departed for Möhringen, Vaihingen, Hohenheim and Neuhausen; besides the current termini, this is the only 'Zacke' stop that displays a full Stadtbahn logo.

⑤ **Degerloch** - direkt über dem U-Bahnhof der Talquerlinien U5, U6 und U8 liegt seit 16. Dezember 1994 die neue Endstelle der ‚Zacke' (▶ S. 81).
- Since 16 Dec 1994, the terminus for the rack railway has been located right on top of the underground station for the cross-valley lines U5, U6 and U8 *(▶ p. 81)*.

20 Südheimer Platz – Waldfriedhof

Etwa 100 m südlich der Stadtbahnhaltestelle Südheimer Platz (U1, U14) liegt die Talstation der *Seilbahn*, die allerdings technisch gesehen eine Standseilbahn ist, d.h. die beiden Wagen sind mit einem zwischen den Schienen laufenden Seil (in diesem Fall seit 2004 eine Endlosschleife mit Ober- und Unterseil) verbunden und ziehen sich mit Hilfe eines Antriebsmotors, der in der Bergstation eingebaut ist, gegenseitig hoch.

Die Standseilbahn führt auf einer Länge von 536 m mit einer maximalen Steigung von 28,1% zum 87 m höher gelegenen Waldfriedhof. Derzeit verkehren die beiden Wagen im 20-Minuten-Takt zwischen 9:10 und 17:50; eine Fahrt dauert drei Minuten. Die Bahn ist als Linie 20 voll in das VVS-Tarifsystem integriert, eine Einzelfahrt gilt als Kurzstrecke (1,00 €).

Die meterspurige Bahn wurde am 30. Oktober 1929 eröffnet und zwischen 2. November 2003 und 24. Juli 2004 wegen Generalsanierung gesperrt, wobei auch die Antriebstechnik vollkommen erneuert wurde; der von Siemens gelieferte 110-kW-Drehstrommotor arbeitet mit 400 V Gleichstrom. Die Bahn präsentiert sich äußerlich heute in ihrer originalen Pracht mit den beiden von der Maschinenfabrik Esslingen hergestellten Wagen: das Untergestell ist aus Stahl, der Aufbau aus Holz (außen Teak, innen Mahagoni), mit Messing- und Emailverzierungen.

20 – *Seilbahn*
536 m
2 Haltestellen | *Stops*

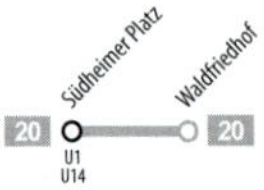

About 100 m south of the Stadtbahn stop Südheimer Platz (U1, U14) lies the lower terminus of the 'Seilbahn' [cable car], which is actually a funicular railway, i.e. the two cars are connected by a cable which runs between the two rails (in this case, a continuous cable loop has been used since 2004, with an upper and a lower cable). The cable is hauled by a motor installed at the upper terminus.

The funicular has a total length of 536 m and a maximum gradient of 28.1%; it leads from Heslach to the upper terminus at Waldfriedhof [forest cemetery], which lies 87 m above the lower terminus. At present, the two cars operate every 20 minutes from 09:10 until 17:50; the journey takes three minutes. The funicular is fully integrated into the VVS fare system as line 20, with a single fare charged as a normal short-trip ticket (1.00 €).

The metre-gauge funicular railway was opened on 30 Oct 1929. It was closed for a general overhaul between 2 Nov 2003 and 24 July 2004, when the traction system was also replaced with a 110 kW asynchronous motor from Siemens running on 400 V dc. The two cars, which had been fabricated by the Maschinenfabrik Esslingen, were then restored to their original splendour: a steel underframe and wooden body (teak on the outside, and mahogany inside), with brass and enamelled finishings.

①③ **Südheimer Pl.** - 70 m lange Stahlbetonbrücke über die Burgstallstraße.
- 70 m reinforced concrete bridge over Burgstallstraße.
② **Südheimer Platz** - Talstation im Bauhausstil, 2004 in den Originalzustand zurückversetzt.
- lower terminus in Bauhaus style, restored to its original form in 2004.
④ **Seilbahn** - dreistufiger Innenraum mit Mahagoniholz verkleidet.
- three-level passenger compartment clad in mahogany wood.

⑤ **Waldfriedhof** > **Südheimer Platz** - Ausweiche in Streckenmitte.
- passing loop at the mid-point of the route.
⑥ **Waldfriedhof** > **Südheimer Platz** - idyllische Waldstrecke.
- idyllic forest route.
⑦ **Waldfriedhof** - Bergstation mit vorgelagertem Antriebsraum von 2004.
- upper terminus, with 2004 engine room in the foreground.

S2 S3 Leinfelden

Neben dem Stadtbahnnetz verfügt der Großraum Stuttgart über ein weitreichendes S-Bahn-Netz, das die Landeshauptstadt und die umliegenden Landkreise Ludwigsburg, Rems-Murr-Kreis, Esslingen und Böblingen erschließt. Das Netz besteht aus sechs Linien, wobei drei als Durchmesserlinien von Südwest nach Ost bzw. Südost verkehren:

S1 Herrenberg – Stuttgart Hbf – Plochingen (59 km),
S2 Filderstadt – Stuttgart Hbf – Schorndorf (52 km),
S3 Flughafen – Stuttgart Hbf – Backnang (50 km).

Drei Linien führen radial von Stuttgart Richtung Nord und Nordwest:

S4 Schwabstraße – Stuttgart Hbf – Marbach (27 km),
S5 Schwabstraße – Stuttgart Hbf – Bietigheim (26 km),
S6 Schwabstraße – Stuttgart Hbf – Weil der Stadt (35 km).

Die S-Bahn Stuttgart ist ein eigenständiger Verkehrsbetrieb innerhalb der DB Regio AG. Für den Betrieb nach 2013 läuft derzeit ein Wettbewerbsverfahren.

Die Stuttgarter S-Bahn verkehrt von 4:30 bis Mitternacht ganztags mit einem 30-Minuten-Grundtakt, der in den Hauptverkehrszeiten auf den meisten Abschnitten auf einen 15-Minuten-Takt verdichtet wird, so dass zu diesen Zeiten alle 2½ Minuten ein Zug durch den Stammstreckentunnel Hauptbahnhof – Schwabstraße fährt. Auf der S1 zwischen Esslingen und Schwabstraße sowie auf der S6 bis Leonberg besteht Montag bis Samstag zu fast allen Zeiten ein 15-Minuten-Takt.

Von insgesamt 71 S-Bahnhöfen liegen 19 innerhalb der Stuttgarter Stadtgrenzen, und von den 177 km Gesamtstreckenlänge etwa 40 km. Auf den Ästen nach Bietigheim und Plochingen stehen durchgehend eigene Gleise zur Verfügung (die bis Plochingen auch von den RE-Zügen Richtung Tübingen genutzt werden), außerdem ist der S2/S3-Ast bis Waiblingen viergleisig. Auf dem S4-Ast von Ludwigsburg nach Marbach

Besides the Stadtbahn network, the Stuttgart conurbation also boasts an extensive S-Bahn system, which covers not only the state capital, but also the neighbouring 'Landkreise' [counties] of Ludwigsburg, Rems-Murr-Kreis, Esslingen and Böblingen. The network comprises six lines, with three of them running through the city from the southwest towards the east and southeast:

S1 Herrenberg – Stuttgart Hbf – Plochingen (59 km),
S2 Filderstadt – Stuttgart Hbf – Schorndorf (52 km),
S3 Flughafen – Stuttgart Hbf – Backnang (50 km);

and another three running radially from Stuttgart towards the north and northwest:

S4 Schwabstraße – Stuttgart Hbf – Marbach (27 km),
S5 Schwabstraße – Stuttgart Hbf – Bietigheim (26 km),
S6 Schwabstraße – Stuttgart Hbf – Weil der Stadt (35 km).

The 'S-Bahn Stuttgart' is a self-contained entity within DB Regio AG. A tendering process is currently underway for its operation after 2013.

The Stuttgart S-Bahn operates from 04:30 until midnight, providing an all-day 30-minute headway, which on most sections is reduced to 15 minutes during peak hours. The shared trunk route between Hauptbahnhof and Schwabstraße thus has a train every 2½ minutes. On line S1 between Esslingen and Schwabstraße, as well as on line S6 to Leonberg, there is a 15-minute headway at almost all times from Monday to Saturday.

Of a total of 71 S-Bahn stations, 19 lie within the Stuttgart city boundaries, and of a total route length of 177 km, 40 km runs within the city. On the routes to Bietigheim and Plochingen, separate tracks are available (those to Plochingen being shared by RE trains to Tübingen), and the S2/S3 branch up to Waiblingen also has four tracks. On the S4 sowie auf dem S6-Ast nach Weil der Stadt gibt es neben der S-Bahn keinen Personenzugverkehr, allerdings werden die Gleise auch von Güterzügen befahren. Zwischen Rohr und Herrenberg, sowie zwischen Waiblingen und Backnang bzw. Schorndorf herrscht klassischer Mischbetrieb auf zweigleisiger Strecke. Die Abschnitte Freiberg am Neckar – Marbach und Malmsheim – Weil der Stadt werden eingleisig betrieben. Der Ast von Rohr über den Flughafen nach Filderstadt wird derzeit nur von der S-Bahn befahren. Über eine neue Verbindungskurve sollen jedoch die Fern- und Regionalzüge aus Richtung Herrenberg auf den S-Bahn-Gleisen zum Flughafen geführt werden, wo sie ca. 2018 an den neuen Fildertunnel Richtung Hauptbahnhof angeschlossen werden. Die Gäubahnstrecke über den ehemaligen Westbahnhof würde somit aufgegeben werden.

Die meisten S-Bahn-Strecken gehen auf Eisenbahnstrecken zurück, die bereits im 19. oder Anfang des 20. Jahrhunderts erbaut wurden (siehe Tabelle). Die Strecken der *Königlich Württembergischen Staats-Eisenbahnen* gingen 1920 in der *Deutschen Reichsbahn* auf. Nachdem 1927 der Stuttgarter Hauptbahnhof von seinem ursprünglichen Standort in der Bolzstraße nahe des Schlossplatzes etwa 500 m nach Nordosten verschoben worden war, begann die Reichsbahn bereits 1933 damit, die Strecke nach Esslingen und Ludwigsburg viergleisig auszubauen und zu elektrifizieren, um den Vorortverkehr vom Fern- und Güterverkehr zu trennen. Schon damals wurde mit den elektrischen Triebwagen der Baureihe ET65 ein Taktfahrplan angeboten, wobei die von Ludwigsburg nach Esslingen durchgehenden Züge am Hauptbahnhof Kopf machten.
Man kann die Stuttgarter S-Bahn also zweifellos neben der Berliner und Hamburger S-Bahn zu den S-Bahnen der ersten Generation zählen. Nach dem zweiten Weltkrieg wurde das elektrisch im Taktfahrplan betriebene Netz auf andere Strecken ausgeweitet. Während die nördlichen und östlichen Vororte so gut an die Innenstadt angeschlossen waren, erreichte man die Filderhochebene und die dahinterliegenden Orte wie Böblingen und Herrenberg nur über den Umweg der Gäubahn. Deshalb entstand bereits Ende der vierziger Jahre die Idee, eine direkte Verbindung zwischen Hauptbahnhof und Vaihingen über das Stadtzentrum herzustellen, wodurch sich die Strecke um bis zu 7 km verkürzen würde. In einer ersten Phase sollten die Vorortstrecken vom Hauptbahnhof unterirdisch ins Stadtzentrum verlängert werden. Zusammen mit dem Bau einer U-Straßenbahn beschloss die Stadt Stuttgart 1961 ebenfalls den Bau der Verbindungsbahn (V-Bahn), allerdings ging man zunächst von einer kürzeren Tunnelstrecke aus, die etwa auf halber Strecke zwischen den heutigen Stationen Schwabstraße und Universität in die bestehende Gäubahn münden sollte, ab 1964 wurde Dachswald als Einfädelstation genannt, von wo der

ET65 (Foto © Heike Fichtner)

branch from Ludwigsburg to Marbach, as well as on the S6 branch to Weil der Stadt, there is no passenger service except the S-Bahn, but the tracks are used by some freight trains. Between Rohr and Herrenberg, as well as between Waiblingen and Schorndorf/Backnang, the S-Bahn operates in typical mixed service on a 2-track route. The sections from Freiberg am Neckar to Marbach and from Malmsheim to Weil der Stadt are only single-track. The branch from Rohr to Filderstadt via the airport is currently only used by the S-Bahn. There are plans, however, to divert regional and long-distance services from the southwest (Herrenberg) onto the airport S-Bahn branch via a new curve and lead them through the future Filder tunnel to the central station in around 2018. The Gäubahn route via the former Westbahnhof would then be abandoned.

Most S-Bahn lines run along railway routes opened during the 19th or early 20th century (see table below). The routes built by the 'Königlich Württembergische Staats-Eisenbahnen' were integrated into the 'Deutsche Reichsbahn' in 1920. With Stuttgart's central station having been relocated from its original location on Bolzstraße (close to Schlossplatz) about 500 m further northeast to its present site in 1927, the Reichsbahn quadrupled the routes to Esslingen and Ludwigsburg and started electrified suburban services on dedicated tracks in 1933. The class ET65 EMUs operated with regular intervals, with trains running through from Ludwigsburg to Esslingen by reversing at Hauptbahnhof. The Stuttgart S-Bahn can thus without doubt be counted among the first-generation S-Bahn systems in Germany, together with those in Berlin

Eröffnung der Bahnstrecken mit S-Bahn-Verkehr
Opening of the railway routes now served by the S-Bahn

1845 Cannstatt – Esslingen (*Filsbahn/Neckar-Alb-Bahn*) ▸ S1
1846 Cannstatt – Stuttgart – Ludwigsburg (*Frankenbahn*) ▸ S4 S5 (S6)
1846 Esslingen – Plochingen (*Filsbahn/Neckar-Alb-Bahn*) ▸ S1
1847 Ludwigsburg – Bietigheim (*Frankenbahn*) ▸ S5
1859 Plochingen – Wendlingen (*Neckar-Alb-Bahn*)* ▸ S1
1861 Cannstatt – Schorndorf (*Remsbahn*) ▸ S2 (S3)
1864 Wendlingen – Kirchheim/Teck (*Teckbahn*)* ▸ S1
1868 Zuffenhausen – Ditzingen (*Schwarzwaldbahn*) ▸ S6
1869 Ditzingen – Weil der Stadt (*Schwarzwaldbahn*) ▸ S6
1876 Waiblingen – Backnang (*Murrbahn*) ▸ S3
1879 Stuttgart – Vaihingen – Herrenberg (*Gäubahn*) ▸ S1
1879 Freiberg am Neckar – Marbach (– Backnang*) ▸ S4
1881 Ludwigsburg – Freiberg am Neckar ▸ S4
1915 Böblingen – Renningen (*Rankbachbahn*)** ▸ S60
1920 Rohr – Echterdingen ▸ S2 S3

* S-Bahn geplant | *planned*
** S-Bahn im Bau | *under construction*

S-Bahn Stuttgart

177 km
71 Bahnhöfe | *Stations*

01-10-1978 Schwabstraße – Hauptbahnhof – Weil der Stadt (S6) / Ludwigsburg (S4, S5) / Plochingen (S1)
28-09-1980 Ludwigsburg – Marbach (S4)
31-05-1981 Ludwigsburg – Bietigheim (S5)
27-09-1981 Bad Cannstatt – Waiblingen – Backnang (S3) / Schorndorf (S2)
29-09-1984 + Gottlieb-Daimler-Stadion (S1)
29-09-1985 Schwabstraße – Vaihingen (S1-S3) – Böblingen (S1)
03-12-1988 + Weilimdorf (S6)
28-05-1989 Rohr – Oberaichen (S2)
06-12-1992 Böblingen – Herrenberg (S1)
18-04-1993 Oberaichen – Flughafen (S2, S3)
+ Österfeld (S1-S3)
29-09-2001 Flughafen – Filderstadt (S2)

①

②

(Foto © R. Wiemann/Sammlung G. Hauptmann)

Universitätsbereich mit einem Zubringersystem angeschlossen werden sollte. Im Bereich der Innenstadt sollten die unterirdischen Bahnhöfe Stadtmitte (Rotebühlplatz) und Schwabstraße gebaut werden. Am Bahnhof Stadtmitte sollte über dem Bahnsteig der S-Bahn ebenfalls ein unterirdischer Halt der U-Strab-Strecke entlang der Rotebühlstraße entstehen. 1967 wurde das U-Strab-Netz jedoch vereinfacht und der S-Bahn eine höhere Funktion als innerstädtisches Verkehrsmittel zugesprochen, indem statt der geplanten parallelen U-Strab nun ein zusätzlicher S-Bahnhof Feuersee eingefügt und der S-Bahnhof Schwabstraße nach Westen verlagert wurde. Alle Züge sollten nun bis Schwabstraße durchfahren und dort in einer unterirdischen, 1,5 km langen Wendeschleife, mit einem Radius von 190 m, enden. Diese Schleife liegt wegen des starken Geländeanstiegs bis zu 85 m unter der Oberfläche und verfügt gegen Ende der Schleife über ein zuglanges Überholgleis. Analog zu den S-Bahn-Projekten in München und Frankfurt sollten die Bahnsteige 210 m lang und 95 cm hoch werden.

Auf den Außenstrecken bedeutete die Verwirklichung des S-Bahn-Grundnetzes zunächst die Erhöhung der bestehenden Bahnsteige, den viergleisigen Ausbau der Strecken Ludwigsburg – Bietigheim und Bad Cannstatt – Waiblingen, sowie ein zweites Gleis zwischen Ludwigsburg und Freiberg am Neckar. Außerdem wurden zahlreiche Bahnübergänge beseitigt.

Nach komplizierten Verhandlungen über die Finanzierung der S-Bahn konnte im Juli 1971 am Hauptbahnhof mit den Bauarbeiten begonnen werden. Im Gleisvorfeld tauchen die Strecken von Bad Cannstatt und Feuerbach auf getrennten

and Hamburg. After World War II, the regular electric service was extended to other routes. This gave the northern and eastern suburbs good connections with the city centre, but to reach the Filder plateau and the towns beyond it, like Böblingen and Herrenberg, a long detour had to be taken via the Gäubahn. The first proposals for a direct route between Hauptbahnhof and Vaihingen via the city centre (7 km shorter than the existing route) were therefore presented back in the 1940s. In a first stage, the suburban lines were to run underground from Hauptbahnhof into the city centre. In 1961, the city council approved the construction of the so-called V-Bahn [Verbindungsbahn > link railway] together with the underground tram network. The initial project included a shorter tunnel, which was to rejoin the Gäubahn about halfway between the present Schwabstraße and Universität stations. From 1964, a station called Dachswald was indicated as the point where new and old routes were to merge; from there a feeder system was to link the University campus. In the inner city, the underground stations Stadtmitte (Rotebühlplatz) and Schwabstraße were planned. At Stadtmitte, an underground tram stop for the route along Rotebühlstraße was designed on top of the S-Bahn station. But when the underground tram system was simplified in 1967, the S-Bahn had to take on the additional task of handling inner-city transport. To compensate for the cancelled underground tram route along Rotebühlstraße, an S-Bahn station was added at Feuersee, and the planned station at Schwabstraße was relocated further west. All trains were to run through to Schwabstraße, where a 1.5 km underground loop with a radius of 190 m was built. Due to the steep ascent of the terrain, the loop lies up to

③

④

Fahrzeugpark der Stuttgarter S-Bahn

1) 90 dreiteilige Einheiten der Baureihe ET420, die 67,4 m lang und 2,90 m breit sind. Die Einheiten 420 400 bis 420 430 gehören zur 7. Bauserie (Baujahr 1989-1993), die Einheiten 420 431 bis 420 489 zur 8. Bauserie (Baujahr 1993-1997). Alle Fahrzeuge wurden ursprünglich in Orange/Weiß ①③ ausgeliefert, doch zwischen 1997 und 2003 bekamen alle den verkehrsroten Anstrich ②④. Die Einheiten 420 400 und 420 416 wurden grundlegend modernisiert und sind als ET 420 plus ⑤⑦ seit April 2006 im Fahrgasteinsatz; sie sind äußerlich vor allem durch die auf das Fahrzeugdach aufgebaute Klimaanlage zu erkennen.
2) 60 Einheiten der seit 2000 ausgelieferten vierteiligen Baureihe ET423 ⑥⑧, welche vorwiegend auf der S1 und der S3 eingesetzt werden. Diese sind ebenso 67,4 m lang, jedoch 3,02 m breit und durchgängig begehbar.

Beide Zugtypen können in Dreifachtraktion verkehren, da alle Bahnsteige eine Länge von 210 m haben, doch normalerweise werden Doppeltraktionen (= Vollzug) eingesetzt. Die S-Bahn-Züge sind im Bahnbetriebswerk Plochingen beheimatet. Die S-Bahn Stuttgart fährt unter Oberleitung mit 15 kV Wechselstrom (16 2/3 Hz).

Stuttgart S-Bahn Rolling Stock

1) 90 three-section units of class ET420, which are 67.4 m long and 2.90 m wide. Units 420 400 to 420 430 belong to the 7th series (built 1989-1993), and units 420 431 to 420 489 to the 8th series (built 1993-1997). All vehicles were originally delivered in an orange/white livery ①③, but from 1997 to 2003, all were repainted in standard DB red ②④. Units 420 400 and 420 416 were completely refurbished and have been in service since April 2006 as ET 420 plus ⑤⑦; they can be distinguished by the air-conditioning unit mounted on the train roof.
2) 60 four-section units of class ET423 ⑥⑧, which have been delivered since 2000 and are mostly in service on lines S1 and S3. They are also 67.4 m long, but 3.02 m wide, and all four cars are connected by gangways.

Both types of train can operate in triple units, which corresponds to a full platform length of 210 m, but they are mostly seen as double units. Maintenance of the S-Bahn trains is carried out at the Bahnbetriebswerk Plochingen. Power (15 kV ac - 16 2/3 Hz) is supplied via a catenary.

Gleisen in den Tunnel und vereinigen sich kurz vor der zweigleisigen Station Hauptbahnhof. Der Rampenbereich wurde in Deckelbauweise errichtet. Daran schloss sich die Unterfahrung mittels komplizierter Abfangung des 1927 von Paul Bonatz errichteten Empfangsgebäudes an. Der Streckentunnel bis zur Schwabstraße, der unter der Lautenschlagerstraße, der Theodor-Heuss-Straße und schließlich unter der Rotebühlstraße verläuft, wurde größtenteils in offener Bauweise errichtet, lediglich ein 516 m langer Abschnitt zwischen Thouretstraße und Fürstenstraße wurde bergmännisch per Messervortrieb gebaut. Wegen ihrer großen Tiefe musste die Wendeschleife bergmän-

85 m deep, with a passing siding long enough for a full-length train. Like in Munich and Frankfurt, the S-Bahn platforms were built 210 m long and 95 cm high.

For the outer sections, the S-Bahn project included the raising of the existing platforms, the quadrupling of the sections Ludwigsburg – Bietigheim and Bad Cannstatt – Waiblingen, as well as a second track between Ludwigsburg and Freiberg am Neckar. Many of the former level crossings were eliminated.

After complex negotiations about the funding of the system, construction began at Hauptbahnhof in July 1971.

nisch per Spritzbetonbauweise aufgefahren werden. Die erste Phase der Stuttgarter S-Bahn wurde somit 1978 vollendet. Mit Inbetriebnahme der S-Bahn trat auch der Verkehrsverbund Stuttgart (VVS) in Kraft.

1977 war beschlossen worden, die geplante Trasse der Verbindungsbahn dahingehend zu ändern, dass das inzwischen stark angewachsene Universitätsgelände in Vaihingen direkt durch eine längere Tunnelstrecke angeschlossen werden sollte. Der Bau des 5,5 km langen Hasenbergtunnels begann im April 1979. Zwischen Schwabstraße und Universität war dabei ein Höhenunterschied von 154 m zu überwinden, was einer durchschnittlichen Steigung von 3,5% entspricht. Die maximale Gebirgsüberdeckung unter dem Hasenberg beträgt 125 m. Bis auf die unterirdische Station Universität wurde der Tunnel in Spritzbetonbauweise ausgeführt, die ersten 2 km mit eingleisigen Röhren, der Rest zweigleisig. 1985 konnte dieses wesentliche Teilstück des heutigen S-Bahn-Netzes in Betrieb genommen werden.

1993 wurde die S-Bahn zum Flughafen verlängert. Dazu wurde die 1920 von der Reichsbahn eröffnete Stichstrecke von Rohr nach Echterdingen, die dort an die Trasse der Filderbahn nach Neuhausen angeschlossen war, praktisch neu gebaut und im Bereich Echterdingen auf einem 600 m langen Abschnitt abgedeckelt. In einem in offener Bauweise errichteten Tunnel wurde die Strecke in das Flughafengelände eingeführt und schließlich bis 2001 eingleisig unter der Landebahn des Flughafens 3 km (davon 2,2 km bergmännisch in 28 m Tiefe) bis Filderstadt verlängert. Etwa 700 m vor dem heutigen Endbahnhof trifft die Strecke auf die 1897 eröffnete Trasse der Filderbahn nach Neuhausen, auf der jedoch bereits 1955 der Personenverkehr eingestellt worden war.

Seit Längerem gibt es Planungen, das S-Bahn-Netz auf folgenden Strecken zu erweitern:
- S60 Renningen – Böblingen (14 km, im Bau), auf einer derzeit nur vom Güterverkehr genutzten Strecke,
- S1 von Plochingen nach Kirchheim unter Teck (13 km),
- S4 von Marbach nach Backnang (13,5 km), wofür erst der Abschnitt Freiberg am Neckar – Benningen zweigleisig ausgebaut werden muss.

Neben diesen drei Projekten soll im Zuge des Projekts ‚Stuttgart 21' (Tieferlegung des Hauptbahnhofs mit verschiedenen Zulauftunneln) die Strecke Bad Cannstatt – Hauptbahnhof nach Norden verlegt und an einer neuen Station Mittnachtstraße in die Strecken aus Richtung Nordbahnhof einmünden, womit die Übereckverbindungen verkürzt würden. Nach Vollendung der Hochgeschwindigkeitsstrecke Stuttgart – Ulm werden auf der Filsbahn Kapazitäten frei, die eine Verlängerung der S-Bahn von Plochingen nach Göppingen ermöglichen könnten.

S4 Marbach am Neckar

The routes from Bad Cannstatt and Feuerbach enter the city tunnel on separate tracks, and merge just before reaching the 2-track Hauptbahnhof station. The approach tunnels were built using the top-down method, but the 1927 station building designed by Paul Bonatz had to be put on temporary supports to excavate the station box. The running tunnel up to Schwabstraße, which follows Lautenschlagerstraße, Theodor-Heuss-Straße and Rotebühlstraße, was mostly built by cut-and-cover, except for a short 516 m section between Thouretstraße and Fürstenstraße, which was excavated below ground by means of a manual shield. Due to its great depth, the terminal loop had to be dug using the NATM (or 'shotcrete method'). The first phase of the Stuttgart S-Bahn was completed in 1978, when the VVS fare system was also introduced.

In 1977, the route of the link railway was modified specifically to serve the growing University campus, resulting in an underground section longer than initially planned. The construction of the 5.5 km Hasenberg tunnel began in April 1979. Between Schwabstraße and Universität stations, the route has to negotiate a difference in altitude of 154 m, which corresponds to an average gradient of 3.5%. The maximum depth of the tunnel under the Hasenberg is 125 m. Except for Universität station, the tunnel was built using the NATM, the first 2 km running through twin tunnels and the rest in a single double-track tunnel. This essential part of the S-Bahn system was brought into service in 1985.

In 1993, the S-Bahn was extended to the airport. The 1920 Reichsbahn branch from Rohr to Echterdingen (where it was linked to the Filderbahn to Neuhausen) was completely rebuilt, and a 600 m section through Echterdingen was covered. A cut-and-cover tunnel was built in the airport area. In 2001, a 3 km underground single-track extension was opened to Filderstadt; this section runs below the airport runway, with 2.2 km excavated using the NATM at a depth of 28 m. About 700 m before the present terminus, the new route rejoins the former surface alignment of the Filderbahn to Neuhausen, which had opened in 1897, but not seen any passenger traffic since 1955.

For a long time, there have been plans to extend the S-Bahn system on the following routes:
- *S60 Renningen – Böblingen (14 km, under construction), on a route currently only used by freight trains;*
- *S1 Plochingen – Kirchheim unter Teck (13 km);*
- *S4 Marbach – Backnang (13.5 km), after the doubling of the Freiberg am Neckar – Benningen section.*

Besides these projects, the route from Bad Cannstatt to Hauptbahnhof is to be re-aligned further north in conjunction with the 'Stuttgart 21' projects (a new underground railway station with several new approach tunnels); a new station will be added at Mittnachtstraße, where the eastern lines will join those from Nordbahnhof, thus reducing journey times for transferring passengers travelling from north/northwest to east/southeast, and vice versa. The completion of the new high-speed line between Stuttgart and Ulm will free capacity on the Filsbahn, which could allow the extension of the S-Bahn service from Plochingen to Göppingen.

① **Hauptbahnhof (Arnulf-Klett-Platz)** - Eingang zur Klett-Passage von der Königstraße. Das Bahnhofsgebäude von 1927 wurde von Paul Bonatz entworfen.
- entrance to the Klett-Passage from Königstraße. Dating from 1927, the station building from 1927 was designed by Paul Bonatz.

②-④ **Hauptbahnhof** - der S-Bahnhof liegt 20 m tief auf der Ebene -3 unter der Stadtbahnstation, welche gleichzeitig errichtet wurde, jedoch zwei Jahre früher in Betrieb ging. Der mittlere Aufgang ② führt zur Klett-Passage, der nördliche ④ in die Bahnhofshalle bzw. zu einem Quertunnel unter den Fernbahngleisen, und der südliche in die Lautenschlagerstraße bzw. über einen langen Verbindungstunnel zur Königstraße.
- the S-Bahn station lies at a depth of 20 m on level -3, below the Stadtbahn station, which was built at the same time but opened two years earlier. The middle exit ② leads to the Klett-Passage, a large concourse; the northern ④ into the railway station and to a pedestrian tunnel running perpendicularly beneath the mainline tracks; and the southern exit leads to Lautenschlagerstraße and, via a long linking tunnel, to Königstraße.

⑤ **Hauptbahnhof** - rechtwinkelig zu den Fern- und S-Bahn-Gleisen angeordnete Bahnhofshalle. Für ‚Stuttgart 21‘ wird parallel zu dieser Halle unterirdisch ein neuer Durchgangsbahnhof errichtet, das Bahnhofsgebäude bleibt dabei erhalten.

- the station hall is perpendicular to the mainline and S-Bahn tracks. For the 'Stuttgart 21' project, a new underground through station will be built parallel to this hall; the station building will remain in place.

①-③ **Stadtmitte** - die unterirdischen S-Bahn-Stationen im Stadtzentrum sind weitgehend gleich gestaltet, sie unterscheiden sich jedoch durch eine klar definierte Kennfarbe, die auch an der Wandverkleidung und sogar in den Bodenfliesen enthalten ist.
Der Zugang in Bild ① liegt in der Theodor-Heuss-Straße und führt zum nordöstlichen Ende des S-Bahnsteigs; der Übergang zur Stadtbahn befindet sich am südwestlichen Ende. Wie am Hauptbahnhof liegt der S-Bahnhof Stadtmitte auf der Ebene -3.
- the underground S-Bahn stations in the city centre boast a common basic design, but they can be distinguished by a clearly defined colour scheme, which is also applied to the wall cladding and even to the platform floor.
The entrance in photo ① is located on Theodor-Heuss-Straße and leads to the northeastern end of the S-Bahn platform; interchange to the Stadtbahn is provided via the southwestern mezzanine. Like at Hauptbahnhof, the S-Bahn platform at Stadtmitte lies on level -3.
④ **Feuersee** - westlicher Zugang mit Johanneskirche.
- western entrance with St. John's Church.
⑤ **Feuersee** - östliches Verteilergeschoss, bis auf die Farbe weitgehend identisch mit dem östlichen am S-Bahnhof Schwabstraße.
- except for the colour, the eastern mezzanine here is identical to the eastern mezzanine at Schwabstraße.

①② **Feuersee** - Das Wasser des Sees scheint sich in der Station zu spiegeln. Dieser S-Bahnhof, dessen Bahnsteig eine Neigung von 2% aufweist, wurde erst 1967 in die Planungen aufgenommen, nachdem ein einst geplanter U-Strab-Tunnel unter der Rotebühlstraße verworfen worden war. Mit dem S-Bahn-Bau wurde die Straßenbahn in der Rotebühlstraße eingestellt.

- the waters of the lake from which the station gets its name lie just above, and seem to be reflected inside the station. The platform has a gradient of 2%. This station was only added to the project in 1967, after the initially planned tram tunnel along Rotebühlstraße had been shelved. The construction of the S-Bahn led to the closure of the tram route on Rotebühlstraße.

③-⑤ **Schwabstraße** - nachdem der Bahnhof Feuersee hinzugekommen war, plante man den Bahnhof Schwabstraße westlich der gleichnamigen Straße, wo das Gelände bereits sehr stark ansteigt, so dass das westliche Ende des Bahnsteigs 22 m unter der Seyfferstraße liegt, während das östliche unter der Schwabstraße nicht einmal halb so tief unter der Straßenoberfläche ist. Direkt hinter dieser Station, wo die Linien S4-S6 enden, beginnt die 1,5 km lange Wendeschleife bzw. der 4,6 km lange, stationslose Abschnitt bis zum S-Bahnhof Universität.

- once Feuersee station had been added, the planned Schwabstraße station was relocated to the western side of the street of the same name; the western end of the platform lies 22 m below Seyfferstraße, whereas the eastern end below Schwabstraße is not even half as deep. Right after the station, which is the terminus for lines S4-S6, the 1.5 km loop diverges from the running tracks, which lead through a 4.6 km tunnel nonstop to Universität station.

①-③ **Universität** - der S-Bahnhof, der mitten im Universitätsgelände liegt, wurde in offener Bauweise errichtet, die Bahnsteige (die einzigen unterirdischen Seitenbahnsteige) befinden sich jedoch wegen der bergmännisch gebauten Streckentunnel in 21,5 m Tiefe.
- the S-Bahn station is located in the middle of the University campus, and although it was built by cut-and-cover, its platforms (the only underground side platforms on the S-Bahn) lie at a depth of 21.5 m, the adjacent tunnels having been built using the NATM.

④ **Österfeld** - diese S-Bahn-Station im Nordosten von Vaihingen wurde erst nachträglich etwa 220 m vom Tunnelmund eingefügt und gleichzeitig mit der Verlängerung zum Flughafen 1993 eröffnet. Die äußeren Gleise gehören zur Gäubahn.
- located about 220 m from the tunnel mouth, this S-Bahn station in the northeast of Vaihingen was only added to the line when the extension to the airport opened in 1993. The outer tracks are used by regional and long-distance services on the Gäubahn.

⑤ **Vaihingen** - hier besteht eine Umsteigemöglichkeit zu mehreren Stadtbahnlinien. Der S-Bahnhof besteht aus einem Seiten- und einem Mittelbahnsteig. Stadteinwärts fahren alle drei Linien auf demselben Gleis, stadtauswärts hält die S1 am Hausbahnsteig, da einige Züge der S2 und vor allem der S3 am Mittelbahnsteig enden.

- interchange with several Stadtbahn lines is available here. The S-Bahn station comprises both a side and an island platform. All lines stop on the same track in the inbound direction, but in the outbound direction, S1 trains use the side platform and S2 and S3 the island platform, as some trains on these lines terminate here.

① **Goldberg** - dieser Halt wurde 1982 entlang der Gäubahn in Vorbereitung auf den 1985 bis Böblingen beginnenden S-Bahn-Verkehr eröffnet. Goldberg dient als Anlaufpunkt für mehrere Buslinien aus der Stadt Sindelfingen, wozu eine eigene Busbrücke über die Gäubahn und die Autobahn A81 errichtet wurde.
- this station was opened on the Gäubahn in 1982, three years before S-Bahn service started to Böblingen; it is served by several bus routes from Sindelfingen via a purpose-built bridge across the Gäubahn and the A81 motorway.
② **Böblingen** - in wenigen Jahren soll hier die S60 von Renningen einmünden; nach Süden zweigt die Schönbuchbahn nach Dettenhausen ab.
- in a few years, line S60 will arrive here from Renningen; towards the south, the Schönbuchbahn runs to Dettenhausen.
③ **Hulb** - dieser Halt wurde am 8. Dezember 1989 im Vorgriff auf die S-Bahn-Verlängerung nach Herrenberg im Jahr 1992 in einem Böblinger Gewerbegebiet eingerichtet.
- this station was opened in a Böblingen business park on 8 Dec 1989, in anticipation of the S-Bahn extension to Herrenberg in 1992.
④ **Nufringen** - unterschiedliche Bahnsteigdächer bringen auf der Herrenberger Strecke etwas Abwechslung in die sonst eher standardisierte Gestaltung der Bahnsteigbereiche der oberirdischen Stationen.
- individually designed roofs on the route to Herrenberg give a little variety to the otherwise standardised platform areas of the surface S-Bahn stations.
⑤ **Herrenberg** - seit 1879 erreicht man mit der Bahn die Stadt Herrenberg, seit 1992 auch mit der S-Bahn. Allerdings teilt sich die S-Bahn die Gleise mit den Regionalzügen und dem ICE nach Zürich. Hier zweigt die Ammertalbahn nach Tübingen ab.
- Herrenberg has been served by the railway since 1879, and since 1992, by the S-Bahn, too. The route, however, is shared by regional services as well as the ICE to Zurich. From Herrenberg, the Ammertalbahn runs to Tübingen.

① **Oberaichen** - erster Halt auf der 1920 von der Reichsbahn erbauten Strecke, die für die S-Bahn zweigleisig ausgebaut wurde.
- first stop on the route built by the Reichsbahn in 1920, which was upgraded and double-tracked for the S-Bahn service.

② **Leinfelden** - portalartiger Zugang vom Ortszentrum Leinfeldens; im Hintergrund links ist die Endhaltestelle der Stadtbahnlinie U5 zu sehen (► S. 116).
- gateway-like access from the Leinfelden town centre; in the background on the left is the terminus for Stadtbahn line U5 (► p.116).

③④ **Echterdingen** - die Trasse wurde tiefergelegt und ein 600 m langes Teilstück überdeckelt, der S-Bahnhof liegt jedoch größtenteils im Freien. Am östlichen Ende wurde über den Gleisen ein Parkhaus errichtet. Von Echterdingen führte ab 1897 die von Möhringen kommende Filderbahn über Bernhausen nach Neuhausen, jedoch auf einer Trasse, die östlich des Bahnhofs nach Süden schwenkte.
- the route was put in a cutting and a 600 m section was covered, but the station is mostly in the open air. At the eastern end, a multi-storey car park was built above the tracks. In 1897, the Filderbahn reached Echterdingen from Möhringen before continuing via Bernhausen to Neuhausen, its route, however, turning south just after Echterdingen station.

⑤ **Flughafen/Airport** - der S-Bahnhof wurde gemeinsam mit dem neuen Terminalgebäude 1 errichtet, wodurch er gut in den Flughafen integriert ist. Zum neuen Messegelände, das im November 2007 eröffnet wurde, gibt es jedoch bislang noch keinen direkten Ausgang.

- the Airport station was built together with the terminal 1 building, and is thus well-integrated into the airport complex. No direct access has been built, though, to the new trade fairgrounds, which opened in Nov 2007.

①

②

①② **Flughafen/Airport** - trotz seiner röhrenartigen Form wurde der Bahnhof nicht im Schildvortrieb, sondern in offener Bauweise errichtet. Die S3 endet hier normalerweise am Bahnsteig. In einem weiten Bogen unter der Startbahn des Flughafens fährt die S2 alle 30 Minuten eingleisig weiter nach Filderstadt.
- despite its tube shape, this station was built by cut-and-cover and not with tunnel boring machines. Line S3 usually turns around at the platform. Every 30 minutes, line S2 continues in a wide curve below the runway on the single-track route to Filderstadt.

③

③-⑤ **Filderstadt** - der unterirdische S-Bahnhof, bei dem Sichtbeton vorherrscht, ist mit dem Kunstwerk ‚Filder-Spiel' von Robert Schad bereichert. Der mittlere Bereich wird durch ein großes Fenster in der Decke mit Tageslicht versorgt. Der S-Bahnhof Filderstadt liegt genau an der Stelle des alten Bahnhofs Bernhausen (Bernhausen ist heute ein Ortsteil der Verbundgemeinde Filderstadt), der 1897 von der Filderbahn errichtet worden war, wo aber zuletzt 1955 Fahrgäste eingestiegen waren; der Güterverkehr blieb bis 1983 bestehen. Das Bahnhofsgebäude ④ aus der Anfangszeit wurde im Zuge des S-Bahn-Baus renoviert und beherbergt nun das Bürgeramt.
- the underground station is dominated by bare concrete, but enhanced with a work of art called 'Filder-Spiel' [Filder play], created by Robert Schad. The central area is illuminated by daylight through a large skylight. The present station is located on exactly the same site as the former station Bernhausen (Bernhausen is now a part of the municipality of Filderstadt), which had been opened by the Filderbahn in 1897, but not had any passengers since 1955; freight traffic was maintained until 1983. The station building ④ from the early years has been preserved and renovated, and is now home to a citizens information office.

④

⑤

①

②

③

① **Hauptbahnhof** > **Bad Cannstatt** - Blick vom Rosensteinpark über den Neckar; die Trasse soll im Rahmen von ‚Stuttgart 21' etwas nach links verlegt werden und im Bereich des heutigen Holzstegs den Fluss queren.
- view across the Neckar River from Rosensteinpark: in conjunction with the 'Stuttgart 21' project, this route will be moved to the left onto a new bridge (where the wooden footbridge now is).

② **Bad Cannstatt** - 1845 Ausgangspunkt der ersten Eisenbahnstrecke Württembergs. Das heutige Bahnhofsgebäude wurde während des Ersten Weltkriegs nach Plänen von Martin Mayer erbaut.
- in 1845, the starting point of the first railway line in Württemberg. The present station building was erected during World War I by the architect Martin Mayer.

③ **Hauptbahnhof** > **Bad Cannstatt**
- Neckarbrücke von der König-Karls-Brücke (Stadtbahnhaltestelle Mercedesstraße) aus gesehen.
- bridge across the Neckar River viewed from the König-Karls-Brücke (Stadtbahn stop Mercedesstraße).

④ **Bad Cannstatt** - moderner Hinterausgang, der vor allem bei Veranstaltungen auf dem Cannstatter Wasen im Frühling und im Herbst, sowie bei Heimspielen des VfB Stuttgart genutzt wird.
- modern rear exit, which gets very busy during the festivals held on the Cannstatter Wasen in spring and autumn, as well as during the local football club's home games (VfB Stuttgart).

⑤ **Obertürkheim** - Umsteigemöglichkeit zur Obuslinie 101 über Mettingen nach Esslingen. Von 1930 bis 1994 fuhr auch die Straßenbahn von Untertürkheim bis hierhin weiter.
- Interchange with trolleybus line 101 to Esslingen via Mettingen. From 1930 to 1994, the tramways used to continue from Untertürkheim to Obertürkheim.

④

⑤

① **Mettingen** - wie der Stuttgarter Hauptbahnhof von Paul Bonatz entworfen.
- *like Stuttgart's central station, designed by Paul Bonatz.*

② **Oberesslingen** - weitgehend identische Empfangsgebäude findet man auch in Esslingen-Zell und in Altbach.
- *almost identical station buildings can be found at Esslingen-Zell and Altbach.*

③ **Esslingen** - wichtigster Bahnhof der östlichen S1 für eine Stadt mit über 90.000 Einwohnern. Während des 15-Minuten-Takts enden hier einige Züge.
- *the most important station on the eastern leg of line S1, it provides for a town of more than 90,000 inhabitants. During the 15-minute headway, some trains terminate here.*

④ **Altbach** - die sonderbare Aufzugskonstruktion befördert die Fahrgäste ohne Zwischenhalt über die Bahngleise. Dieser sowohl vertikal, als auch horizontal verkehrende ‚Peoplemover' ist seit 2006 in Betrieb.
- *Referred to as a 'peoplemover', this peculiar lift has been transporting passengers nonstop across the railway tracks since 2006.*

⑤ **Plochingen** - zwischen 1905 und 1907 vom Architekten Theodor Fischer mit Jugendstilelementen erbautes Bahnhofsgebäude. Endpunkt der S1 und Umsteigemöglichkeit zu den Zügen Richtung Ulm und Tübingen. Nördlich des Bahnhofs befindet sich das Bahnbetriebswerk der S-Bahn.

- *designed by the architect Theodor Fischer with some art nouveau elements, the station building was constructed between 1905 and 1907. The S1 terminus provides transfer to trains towards Ulm and Tübingen. The S-Bahn depot and workshop are located to the north of Plochingen station.*

① **Nürnberger Straße** - die Strecke zwischen Bad Cannstatt und Waiblingen wurde für die S-Bahn viergleisig ausgebaut und der Halt Nürnberger Straße über der gleichnamigen Straße, auf der die Stadtbahnlinie U1 verkehrt, eingefügt.
- the section between Bad Cannstatt and Waiblingen was quadrupled for the S-Bahn, and a station was opened over Nürnberger Straße, the road along which line U1 runs.

② **Fellbach** - bereits seit Eröffnung der Remsbahn im Jahr 1861 ein Haltepunkt. Der Bahnhof liegt etwa 1,2 km vom Stadtzentrum, das sich im Bereich der Endstelle der Stadtbahnlinie U1 befindet, entfernt.
- trains have stopped here since the Remsbahn, the railway along the Rems River, opened in 1861. The station lies some 1.2 km from the Fellbach town centre, which is located around the U1 terminus.

③ **Endersbach** > **Stetten-Beinstein** - Haldenbach-Viadukt westlich des Bahnhofs Endersbach.
- viaduct across the Haldenbach, a small river to the west of Endersbach station.

④ **Winterbach** - hier wurden 2003 Aufzüge eingebaut, der Bahnsteig ist allerdings wie an vielen S-Bahn-Stationen nur 76 cm hoch.
- lifts were added here in 2003, while the platforms, like at many other stations, are only 76 cm high.

⑤ **Schorndorf** - Bahnhofsgebäude aus der Anfangszeit der Remsbahn; hier besteht Anschluss zur Wieslauftalbahn nach Rudersberg und zu den Regionalzügen Richtung Schwäbisch Gmünd.
- the station building datess back to the early days of the Remsbahn. Transfer is provided here to both the Wieslauftalbahn to Rudersberg, as well as to regional services towards Schwäbisch Gmünd.

① **Waiblingen** - sog. Keilbahnhof am Abzweig der Murrbahn von der Remsbahn. Zwischen Fellbach und Waiblingen entflechten sich die Linien S2 und S3 kreuzungsfrei und fahren auf den entsprechenden Ferngleisen weiter.
- V-shaped station at the point where the Murrbahn diverges from the Remsbahn. Between Fellbach and Waiblingen, lines S2 and S3 split in a grade-separated junction to continue on their respective mainline tracks.

②③ **Winnenden** - historisches Bahnhofsgebäude von 1876 und Aufzüge mit Fußgängersteg von 2003. Wie in Waiblingen und Backnang wird auch in Winnenden der Takt der S-Bahn durch die Regionalzüge von und nach Schwäbisch Hall bzw. Nürnberg verdichtet.
- historical station building from 1876, with lifts and a footbridge from 2003. Like at Waiblingen and Backnang, the S-Bahn service is complemented by regional services to and from Schwäbisch Hall and Nuremberg.

④ **Maubach** - die alten Bahnhofsgebäude entlang der Murrbahn zeigen sich in einem einheitlichen Stil, doch in unterschiedlicher Größe.
- the old station buildings along the Murrbahn have a uniform style, but in different sizes.

⑤ **Backnang** - die S3 endet am südlichsten Bahnsteig, der über zwei Fußgängerstege sowie einen Quertunnel in der Mitte zugänglich ist. Hier soll in wenigen Jahren auch die von Marbach verlängerte S4 enden, während die S3 Richtung Murrhardt weitergeführt werden könnte.
- line S3 terminates at the southernmost platform, which is accessible via two footbridges, as well as a pedestrian tunnel in the middle. In the mid-term future, this station may also become the terminus for line S4, which is to be extended from Marbach, while S3 may continue to Murrhardt in the long run.

① **Nordbahnhof** - über einen langen Fußgängersteg ist der S-Bahnhof mit der Stadtbahnstation Löwentorbrücke verbunden. Am Haupteingang kann man direkt in die U15 umsteigen (▶ S. 105).
- a long footbridge links the S-Bahn platform to Löwentorbrücke Stadtbahn station. At the main entrance, interchange with line U15 is provided (▶ p. 105).
② **Feuerbach** - bereits seit 1846 per Eisenbahn mit Stuttgart verbunden, seit 1933 mit S-Bahn-ähnlichen Zügen.
- served by the railway since 1846, and with with S-Bahn-like trains since 1933.
③ **Zuffenhausen** - für die S-Bahn wurde der Bahnhof zu einer niveaufreien Verzweigungsstation umgebaut (▶ S. 134).
- the station was rebuilt as a grade-separated junction for the S-Bahn service (▶ p. 134).
④ **Kornwestheim** - Bahnhof als Tor zur Stadt.
- a station that acts as a gateway to the town.
⑤ **Ludwigsburg** - 1933 nördlicher Endpunkt des elektrischen Vorortverkehrs, heute Verzweigungspunkt für die Linien S4 und S5.
- in 1933, the northern terminus for the electric suburban services, now the last station shared by lines S4 and S5.

① **Benningen** - zwischen Freiberg am Neckar (früher Beihingen-Heutingsheim) und Marbach ist die Strecke nur eingleisig, am Halt Benningen wird im Normalbetrieb Gleis 1 in beiden Richtungen benutzt.
- between Freiberg am Neckar (formerly Beihingen-Heutingsheim) and Marbach, the route remains single-track; at Benningen, track 1 is normally used in both directions.
② **Marbach** - prächtiges Empfangsgebäude von 1879 in Friedrich Schillers Geburtsstadt.
- impressive station building from 1879 in Friedrich Schiller's hometown.
③ **Marbach** > **Benningen** - Blick vom Oberen Torturm nach Westen über das Neckartal, im Hintergrund liegt Benningen.
- view from the Oberer Torturm [upper gate] towards the west across the Neckar valley, with Benningen in the background.
④ **Tamm** - neuer Zugang mit Unterführung und Aufzügen von 2001, gleichzeitig Unterstand für die Bushaltestelle.
- new access via an underpass and lifts from 2001; also acts as a bus shelter.
⑤ **Bietigheim** (auch Bietigheim-Bissingen) - an ihrer Endstelle trifft die S5 der Stuttgarter S-Bahn auf die S5 der Karlsruher Stadtbahn, die stündlich hier ankommt.
- also known as Bietigheim-Bissingen; at the S5 terminus, the Stuttgart S-Bahn meets Stadtbahn line S5 from Karlsruhe, which arrives here hourly.

① **Zuffenhausen** - am oberen Bahnsteig hält nur die S6 Richtung Leonberg und Weil der Stadt .
- the upper platform is only used by S6 trains towards Leonberg and Weil der Stadt.

② **Zuffenhausen** - der westliche Zugang von der Schwieberdinger Straße führt über die Gütergleise und das Gleis der S6 Richtung Stadtzentrum.
- the western access from Schwieberdinger Straße leads across the freight tracks and the inbound S6 track.

③ **Korntal** - alter Bahnhof an der Schwarzwaldbahn von 1868, hier zweigt Richtung Weissach die Strohgäubahn ab, die in der Hauptverkehrszeit bis Feuerbach die S-Bahn-Gleise mitbenutzt.
- old station on the Schwarzwaldbahn from 1868. From here, the Strohgäubahn diverges towards Weissach; during peak hours, it runs through to Feuerbach on the S-Bahn tracks.

④ **Leonberg** - wichtigster Halt an der S6, hier enden einige Züge während des 15-Minuten-Taktes. Durch Aufzüge wird ein behindertengerechter Zugang gewährleistet.
- busiest station on line S6, with some trains terminating here during the 15-minute service. Full accessibility is provided via lifts.

⑤ **Leonberg** - der Bahnsteig Richtung Stuttgart liegt ebenerdig direkt neben dem Busbahnhof.
- the platform towards Stuttgart is level with the adjacent bus terminal.

① **Rutesheim** - einfacher Halt etwa 2,5 km vom eigentlichen Ort entfernt.
- a simple station some 2.5 km from the village proper.

② **Renningen** - von hier ist seit Jahren eine Querspange (sog. S60) zur S1 in Böblingen geplant, um die Städte Magstadt und Sindelfingen ans S-Bahn-Netz anzuschließen.
- a tangential route (the so-called S60) from here to Böblingen (S1) has been planned for a long time; it will link the towns of Magstadt and Sindelfingen to the S-Bahn network.

③ **Malmsheim** - 2003 im Zuge des zweigleisigen Ausbaus von Renningen bis Malmsheim umgebaute S-Bahn-Station. Das letzte Stück bis Weil der Stadt wird weiterhin nur eingleisig betrieben.
- this station was rebuilt in 2003 in conjunction with the doubling of the line between Renningen and Malmsheim. The rest of the route to Weil der Stadt remains single-track.

④⑤ **Weil der Stadt** - Endstation der S6: der Personenverkehr auf der anschließenden Schwarzwaldbahn von 1872 nach Calw, wo Anschluss an die Nagoldbahn bestand, wurde 1983 eingestellt, seit 1988 fahren auch keine Güterzüge mehr; ein Wiederaufbau dieser Strecke ist nicht ausgeschlossen.

- S6 terminus; passenger service on the following section, the 1872-built Schwarzwaldbahn to Calw, with a connection from there to the Nagoldbahn, was discontinued in 1983. The last freight trains ran in 1988, but a reconstruction of this line cannot be counted out.

Esslingen am Neckar gehört neben Solingen und Eberswalde (bei Berlin) zu den drei Städten Deutschlands, in denen noch Obusse verkehren. Das heutige Netz besteht aus zwei Linien, die zusammen eine Streckenlänge von 13,3 km ergeben:

101 (Oberesslingen Lerchenäcker – Stuttgart-Obertürkheim)

118 (Esslingen Bahnhof – Zollberg).

Die Obusse werden vom *Städtischen Verkehrsbetrieb Esslingen* (SVE) betrieben, der Fuhrpark für die Obus-Strecken besteht aus neun Niederflur-Gelenk-Obussen von Van Hool (AG 300 T von 2002) und zwei Duo-Gelenkbussen von Mercedes-Benz (O 405 GTD, elektrisch/Diesel, 1994).

1943 wurde der Beschluss gefasst, den Straßenbahnbetrieb der ESS (► S. 9) auf Obusbetrieb umzustellen, die Eröffnung erfolgte am 7. Juli 1944 auf der Strecke Obertürkheim Bahnhof – Oberesslingen Bahnhof (7 km). Am 1. September 1961 wurde diese um 1,2 km bis Lerchenäcker verlängert.

Ab 1975 fanden in Esslingen mit staatlichen Hilfen Versuche mit Duo-Bussen (Netz/Batterie) statt, ab 1979 auch mit kombiniertem Elektro- und Dieselantrieb. Die Duo-Busse wurden ab 1990 Richtung Zollberg auf der steilen, bis 1978 von den Straßenbahnen der END befahrenen Strecke im Regelbetrieb eingesetzt. Seit 1991 fährt die Linie 118 durchgehend im Obusbetrieb, womit sich das Netz um 5,1 km (inkl. die 2,7 km lange Ein-Richtungs-Schleife auf dem Zollberg) vergrößerte. Die Duo-Busse der Linien 119 und 120 fuhren bis 2005 elektrisch bis zum Zollberg (Nellinger Linde) und dann mit Dieselantrieb weiter nach Nellingen (U7), Denkendorf und Neuhausen.

Besides Solingen and Eberswalde (near Berlin), Esslingen am Neckar is the only city in Germany with trolleybuses. The present network comprises two lines with a total length of 13.3 km:

101 (Oberesslingen Lerchenäcker – Stuttgart-Obertürkheim)

118 (Esslingen Bahnhof – Zollberg).

The trolleybuses are operated by 'Städtischer Verkehrsbetrieb Esslingen' (SVE), with a fleet of nine low-floor articulated trolleybuses manufactured by Van Hool (AG 300 T from 2002) and two dual-system articulated buses built by Mercedes-Benz (O 405 GTD; electric/diesel, 1994).

In 1943, the decision was taken to convert the ESS tramway line (► p. 9) for trolleybus operation. The 7 km line began service between Obertürkheim (railway station) and Oberesslingen (railway station) on 7 July 1944. On 1 Sept 1961, it was extended by 1.2 km to Lerchenäcker.

From 1975, federal funding allowed test runs with dual-system buses (catenary/battery), and from 1979, also with combined electric and diesel motors. In 1990, the 'duo-buses' began regular service on the steep route up the Zollberg, which had been served by END trams until 1978. Since 1991, line 118 has been running in standard trolleybus mode only, adding 5.1 km (2.7 km of which is a one-direction loop on the Zollberg) to the network. Until 2005, the dual-system lines 119 and 120 used to run electrically up the Zollberg (Nellinger Linde), and from there to Nellingen (U7), Denkendorf and Neuhausen using diesel traction.

③

④

① **Esslingen Bahnhof**
- Anlaufpunkt für viele Buslinien.
- *transfer hub for many bus lines.*

② **Herderstraße**
- die Esslinger Stadtfarben Grün und Rot sind an den meisten Haltestellen des Oberesslinger Astes zu sehen.
- *Esslingen's city colours, green and red, are visible at most stops along the Oberesslingen branch.*

③ **Burgunderstraße** > **Bahnhof Mettingen**
- Ortsdurchfahrt in Mettingen.
- *route through the village of Mettingen.*

④ **Burgunderstraße** > **Hengstenberg**
- Überlandstrecke zwischen Esslingen und Mettingen entlang der Weinberge.
- *interurban section between Esslingen and Mettingen alongside vineyards.*

⑤ **Schlachthausbrücke**
- westliche Ausfahrt aus Esslingen entlang der Schelztorstraße.
- *leaving Esslingen along Schelztorstraße towards the west.*

⑥ **Lerchenäcker**
- seit 1961 südöstlicher Endpunkt.
- *southeastern terminus since 1961.*

⑦ **Oberer Eisbergweg** > **Im Holder**
- steile Serpentinenstrecke entlang der Zollbergstraße.
- *steep and winding route up along Zollbergstraße.*

⑤

⑥

⑦

Station – Linien | *Lines* - Seite | *Page*

Altbach S S1 - 129
Arndt-/Spittastraße U4 U9 - 50
Asperg S S5 - (116)
Augsburger Platz U1 U13 - 26 61
Auwiesen U14 - (42)
Backnang S S3 - 131
Bad Cannstatt S S1-S3 - 128
Beethovenstraße U4 - 49
Benningen S S4 - 133
Bergfriedhof U4 U9 - 52 56
Bergheimer Hof U6 - 87
Berliner Platz (Hohe Straße) U2 U4 U14 - 10 30
Berliner Platz (Liederhalle) U2 U9 U14 - 30 37 38 55
Beskidenstraße U1 - (16)
Beutelsbach S S2 - (116)
Bietigheim S S5 - 133
Bihlplatz U1 U14 - 19 38
Blick U13 - 62
Böblingen S S1 - 125
Bockelstraße U7 U8 - (92)
Bopser U5 U6 U7 - 80
Borsigstraße U5 U15 - 75
Botnang U4 - 48
Breitwiesen U6 - (84)
Brendle (Großmarkt) U4 U9 - 53
Brückenstraße U U14 - 43
Bubenbad U15 - 107
Cannstatter Wasen U11 - 35
Charlottenplatz (-1) U U5 U6 U7 U15 - 72 79 95
Charlottenplatz (-2) U U1 U2 U4 - 11 22
Daimlerplatz U2 - 32
Daimler-Stadion (Schleyer-Halle) U U11 - 35
Degerloch U U5 U6 U8 10 - 81 113
Degerloch Albstraße U U5 U6 U8 - 71 82
Ditzingen S S6 - (116)
Dobelstraße U5 U6 U7 - 79
Echterdingen S S2-S3 - 126
Eckartshaldenweg U5 U6 U7 - 76 95
Ehningen S S1 - (116)
Elbestraße U14 - 41
Eltinger Straße U4 - 48
Endersbach S S2 - 130
Engelboldstraße U1 - 18
Esslingen S S1 - 129
Esslinger Straße U1 - 27
Eszet U13 - 62
Eugensplatz U15 - 107
Fauststraße U1 - 18
Favoritepark S S4 - (116)
Fellbach S S2-S3 - 130
Fellbach Lutherkirche U1 - 17 27
Feuerbach S S4-S6 - 132
Feuerbach Bahnhof U6 U13 - 85 90
Feuerbach Krankenhaus U U6 U13 - 58 89
Feuerbach Pfostenwäldle U6 U13 - 59 89
Feuersee S S1-S6 - 122 123
Filderstadt S S2 - 127
Flughafen/Airport S S2-S3 - 127
Freiberg U5 - 74
Freiberg (Neckar) S S4 - (116)
Freibergstraße U14 - 37
Friedrich-List-Heim U1 - (16)
Friedrichsbau U U9 U14 - 36 39
Friedrichswahl U5 U15 - 75
Fürfelder Straße U5 - (72)
Gaisburg U4 - 47 52
Gärtringen S S1 - (116)
Geradstetten S S2 - (116)
Gerlingen U U6 - 86
Gerlingen Siedlung U6 - 86
Geroksruhe U15 - 106 107
Giebel U6 - 86
Glockenstraße U13 - 60
Gnesener Straße U2 - 32
Goldberg S S1 - 125
Gottlieb-Daimler-Stadion S S1 - (116)

Station – Linien | *Lines* - Seite | *Page*

Grunbach S S2 - (116)
Haigst 10 - 110
Hauptbahnhof S S1-S6 - 121
Hauptbahnhof U U5 U6 U7 U9 U14 U15 - 39 54 55 77 106
Hauptfriedhof U2 - 33
Hedelfingen U U9 U13 - 12 57
Hedelfinger Straße U9 U13 - 57
Heidehofstraße U15 - 101
Herderplatz U U4 - 44 49
Herrenberg S S1 - 125
Heslach Vogelrain U1 U14 - 38
Heumaden U7 U8 - 97
Heutingsheimer Straße U15* - 102
Himmelsleiter U5 - (74)
Hofen U14 - 42
Höfingen S S6 - (116)
Hohensteinstraße U5 U15 - 75 104
Höhenstraße U1 - 26
Hölderlinplatz U2 - 30
Hornbach U14 - 42
Hulb S S1 - 125
Im Degen U4 U9 - 45
Inselstraße U4 U9 - 45
Jurastraße U3 U8 - 66
Kaltental U1 - 19
Karl-Olga-Krankenhaus U4 U9 - 52
Kienbachstraße U13 - 62
Killesberg U U7 - 94
Kirchtalstraße U U15* - 103
Korntal S S6 - 134
Korntaler Straße U15* - 100
Kornwestheim S S4-S5 - 132
Kraftwerk Münster U14 - 41
Kreuzbrunnen U7 U8 - 99
Kursaal U2 - 32
Landauer Straße U6 - 88
Landhaus U3 - 65
Leinfelden S S2-S3 - 116 126
Leinfelden U5 - 83
Leinfelden Frank U5 - 83
Leonberg S S6 - 134
Lindpaintnerstraße U4 - 46 49
Liststraße 10 - 112
Löwen-Markt U U6 - 84 88
Löwentor U13 U15 - 60 105
Löwentorbrücke U5 U6 - 71 76
Ludwigsburg S S4-S5 - 132
Malmsheim S S6 - 135
Marbach S S4 - 120 133
Marienplatz U U1 U14 - 20
Marienplatz 10 - 112
Maubach S S3 - 131
Max-Eyth-See U14 - (36)
Maybachstraße U U6 U13 - 59 91
Mercedesstraße U1 U2 - 25
Mettingen S S1 - 129
Metzstraße U1 U2 U14 - 40
Milchhof U15 - 104
Millöcker Straße U4 - 45 48
Mineralbäder U1 U2 U14 - 12 14 25 34
Mittnachtstraße U15 - 104 105
Möhringen Bahnhof U3 U5 U6 U8 - 82
Möhringen Freibad U5 - 83
Mönchfeld U5 - 74
Mühle U14 - 43
Mühlhausen U14 - 42
Mühlsteg U14 - 40
Münster Rathaus U14 - 41
Münster Viadukt U14 - 41
Nägelestraße 10 - 113
Neckartor U U1 U2 U4 U9 U14 - 24 29
Nellmersbach S S3 - (116)
Neugereut U2 - 33
Neustadt-Hohenacker S S3 - (116)
Neuwirtshaus (Porscheplatz) S S6 - (116)
Nordbahnhof U15 - 105

Station – Linien | *Lines* - Seite | *Page*

Nordbahnhof Ⓢ S4-S6 - 132
Nufringen Ⓢ S1 - 125
Nürnberger Straße Ⓢ S2-S3 - 130
Nürnberger Straße U1 - 26
Oberaichen Ⓢ S2-S3 - 126
Obere Ziegelei U2 - 29 32
Oberesslingen Ⓢ S1 - 129
Obertürkheim Ⓢ S1 - 128
Olgaeck U5 U6 U7 U15 - 79 95 106
Ostendplatz U4 - 47 52
Österfeld Ⓢ S1-S3 - 124
Österreichischer Platz Ⓤ U1 U14 - 16 20 21 38
Ostfildern-Nellingen U7 U8 - 99
Parksiedlung U7 U8 - 98
Payerstraße U15 - (100)
Peregrinastraße U5 U6 U8 - 72
Pfaffenweg 10 - 111
Plieningen Ⓤ U3 - 64 67
Plieninger Straße U3 - 67
Plochingen Ⓢ S1 - 129
Pragfriedhof U15 - 105
Pragsattel Ⓤ U5 U6 U13 U15 - 60 68 76 104
Raitelsberg U9 - 56
Rastatter Straße Ⓤ U6 - 87
Rathaus Ⓤ U1 U2 U4 - 15 21 31 51
Remseck-Neckargröningen Ⓤ U14 - 37 43
Renningen Ⓢ S6 - 135
Riedsee U5 U6 U8 - 82
Rohr Ⓢ S1-S3 - (116)
Rohrer Weg U5 - 83
Rommelshausen Ⓢ S2 - (116)
Rosenberg-/Seidenstraße U2 - (28)
Rosensteinbrücke U13 U14 - 40 61
Rosensteinpark U13 - 60
Rotebühlplatz (Stadtmitte) Ⓤ U2 U4 U14 - 31 51
Ruhbank Ⓤ U7 U8 - 96
Ruhbank U15 - 107
Ruit Ⓤ U7 U8 - 98
Russische Kirche U2 - 28 30
Rutesheim Ⓢ S6 - 135
Salamanderweg U6 - 87
Salzäcker U3 - 67
Salzwiesenstraße U15* - 103
Scharnhauser Park U7 U8 - 99

Ⓤ unterirdischer Bahnhof oder oberirdische Haltestelle ohne Bahnübergänge im Stationsbereich
- underground station or surface stop without level crossings in the station area

Ⓢ S-Bahnhof | *S-Bahn station*

Die Seitenzahlen beziehen sich auf die Bilder der einzelnen Stationen. Bei Haltestellen, von denen kein Bild vorhanden ist, verweist die Seitenzahl in Klammern auf das Kapitel der jeweiligen Linien.
The page numbers refer to the photos available for individual stations; for stations which are not illustrated in this book, the page number in brackets indicates the chapter of the respective line.

* derzeit im Bau | *currently under construction*

Station – Linien | *Lines* - Seite | *Page*

Schemppstraße U7 U8 - 92 93
Schlachthof U9 - 56
Schloss-/Johannesstraße U4 U9 - 51
Schlossplatz Ⓤ U5 U6 U7 U15 - 78
Schlotterbeckstraße U13 - 62
Schorndorf Ⓢ S2 - 130
Schozacher Straße U5 - 72
Schreiberstraße U1 U14 - 19
Schwab-/Bebelstraße U4 U9 - 50
Schwabenlandhalle U1 - 27
Schwabstraße Ⓢ S1-S6 - 123
Schwaikheim Ⓢ S3 - (116)
Sieglestraße U5 U15 - 75
Sigmaringer Straße U3 - 67
Silberwald Ⓤ U7 U8 - 97
Sillenbuch Ⓤ U7 U8 - 97
Sommerrain Ⓢ S2-S3 - (116)
Sonnenberg U5 U6 U8 - 82
Sportpark Feuerbach U6 U13 - 89
SSB-Zentrum U3 U8 - 67
Staatsgalerie Ⓤ U1 U2 U4 U9 U14 - 15 23
Stadtmitte Ⓢ S1-S6 - 122
Stafflenbergstraße U15 - 5 106
Stammheim Freihofplatz U15* - 102
Steinhaldenfeld U2 - 29 33
Stelle U15 - 106
Stetten-Beinstein Ⓢ S2 - (116)
Stöckach U1 U2 U4 U9 U14 - 25 51
Südheimer Platz U1 U14 - 19 38
Südheimer Platz 20 - 115
Suttnerstraße U5 - 109
Tal-/Landhausstraße U4 - 46
Tamm Ⓢ S5 - 133
Tapachstraße U5 - 74
Technische Akademie U7 U8 - 70
Türlenstraße Ⓤ U5 U6 U7 U15 - 77 95 104
Uff-Kirchhof U1 U13 - (16)
Universität Ⓢ S1-S3 - 124
Unteraichen U5 - 72
Untertürkheim Ⓢ S1 - (116)
Untertürkheim U4 U13 - 47 53 63
Vaihingen Ⓢ S1-S3 - 124
Vaihingen Bahnhof U1 U3 U8 - 13 17
Vaihingen Schillerplatz U1 - 18
Vaihingen Viadukt U1 - 18
Vaihinger Straße Ⓤ U3 U5 U8 - 82 93
Vogelsang U4 U9 - 50 55
Wagrainäcker U14 - (36)
Waiblingen Ⓢ S2-S3 - 131
Waldau Ⓤ U7 U8 - 96
Waldeck U1 - (16)
Waldfriedhof 20 - 115
Wallgraben U3 U8 - 66
Wangen Marktplatz U9 U13 - 57 63
Wangener-/Landhausstraße U4 U9 - 45 53 56
Wasenstraße U4 U9 U13 - 55
Weil der Stadt Ⓢ S6 - 135
Weiler Ⓢ S2 - (116)
Weilimdorf Ⓢ S6 - (116)
Weinsteige Ⓤ U5 U6 U8 - 80
Wielandhöhe 10 - 112
Wilhelma U14 - (36)
Wilhelm-Geiger-Platz Ⓤ U6 U13 - 90
Wilhelmsplatz (Badstraße) U13 - 61
Wilhelmsplatz U1 U2 - 12 26 32
Wimpfener Straße U15* - 102
Winnenden Ⓢ S3 - 131
Winterbach Ⓢ S2 - 130
Wolfbusch U6 - (84)
Zahnradbahnhof 10 - 113
Zell Ⓢ S1 - (116)
Zinsholz U7 U8 - 98
Zuffenhausen Ⓢ S4-S6 - 132 134
Zuffenhausen Kelterplatz U5 U15 - 75
Zuffenhausen Rathaus U15* - 103

STADTBAHN & STRASSENBAHN

- Hans-Joachim Knupfer: **Gelber Klassiker** – Der GT4 - Stuttgarts Straßenbahnwagen für fünf Jahrzehnte. - 2006, SSB, Stuttgart, ISBN 9783981108200
- Hans-Joachim Knupfer: **Hoch über Heslach – Die Stuttgarter Seilbahn**. - 2004, SSB, Stuttgart, ISBN 3000138684
- Gottfried Bauer: **Straßenbahnen in Stuttgart**. „Über Berg und Tal" mit der SSB. - 2003, GeraMond, München, ISBN 3765471887
- Gottfried Bauer, Ulrich Theurer: **Von der Straßenbahn zur Stadtbahn Stuttgart, 1975-2000** (Stuttgarter Straßenbahnen Band IV). - 2000, SSB, Stuttgart, ISBN 3000066152
- SSB (Hrsg.): **Stadtbahn Stuttgart – Talquerlinien U5 und U6**. - 1990, Stuttgarter Straßenbahnen AG (SSB) und Landeshauptstadt Stuttgart
- SSB (Hrsg.): **100 Jahre Zahnradbahn 1884-1984** - Die Geschichte der Filderbahn. - 1984, Stuttgarter Straßenbahnen AG (SSB)
- Gottfried Bauer, Ulrich Theurer, Claude Jeanmarie: **Straßenbahnen um Stuttgart** (Stuttgarter Straßenbahnen Band III). - 1984, Verlag Eisenbahn, Villigen (Schweiz), ISBN 3856490477
- Landeshauptstadt Stuttgart (Hrsg.): **20 Jahre Stadtbahnbau in Stuttgart**. - 1983, Länderdienst-Verlag, München, ISBN 3874551199
- Gottfried Bauer, Ulrich Theurer, Claude Jeanmarie: **Die Fahrzeuge der Stuttgarter Straßenbahnen** (Stuttgarter Straßenbahnen Band II). - 1979, Verlag Eisenbahn, Villigen (Schweiz), ISBN 3856490337
- Gottfried Bauer, Ulrich Theurer, Claude Jeanmarie: **Stuttgarter Straßenbahnen 1868 - 1975** (Stuttgarter Straßenbahnen Band I). - 1976, Verlag Eisenbahn, Villigen (Schweiz), ISBN 3856490267

S-BAHN

- Deutsche Bundesbahn (Hrsg.): **Der Tunnel – Verbindungsbahn der S-Bahn Stuttgart**. Dokumentation ihrer Entstehung. - 1985, Deutsche Bundesbahn, Bundesbahndirektion Stuttgart, ISBN 3925565019
- Deutsche Bundesbahn (Hrsg.): **Die Bilanz – 25 Jahre Planung und Bau der S-Bahn Stuttgart**. - 1993, Deutsche Bundesbahn, Bundesbahndirektion Stuttgart, ISBN 3925565035

WEBSITES

- Stuttgarter Straßenbahnen AG – www.ssb-ag.de
- Verkehrs- und Tarifverbund Stuttgart GmbH (VVS) – www.vvs.de
- S-Bahn Stuttgart – www.s-bahn-stuttgart.de

- U-Bahnen & Stadtbahnen weltweit | *worldwide* – www.urbanrail.net
- U-Bahnen & Stadtbahnen in Deutschland – www.u-bahnen-in-deutschland.de

Offizieller Netzplan 2008 | *Official network map 2008* (Abb. Verkehrs- und Tarifverbund Stuttgart GmbH - VVS)

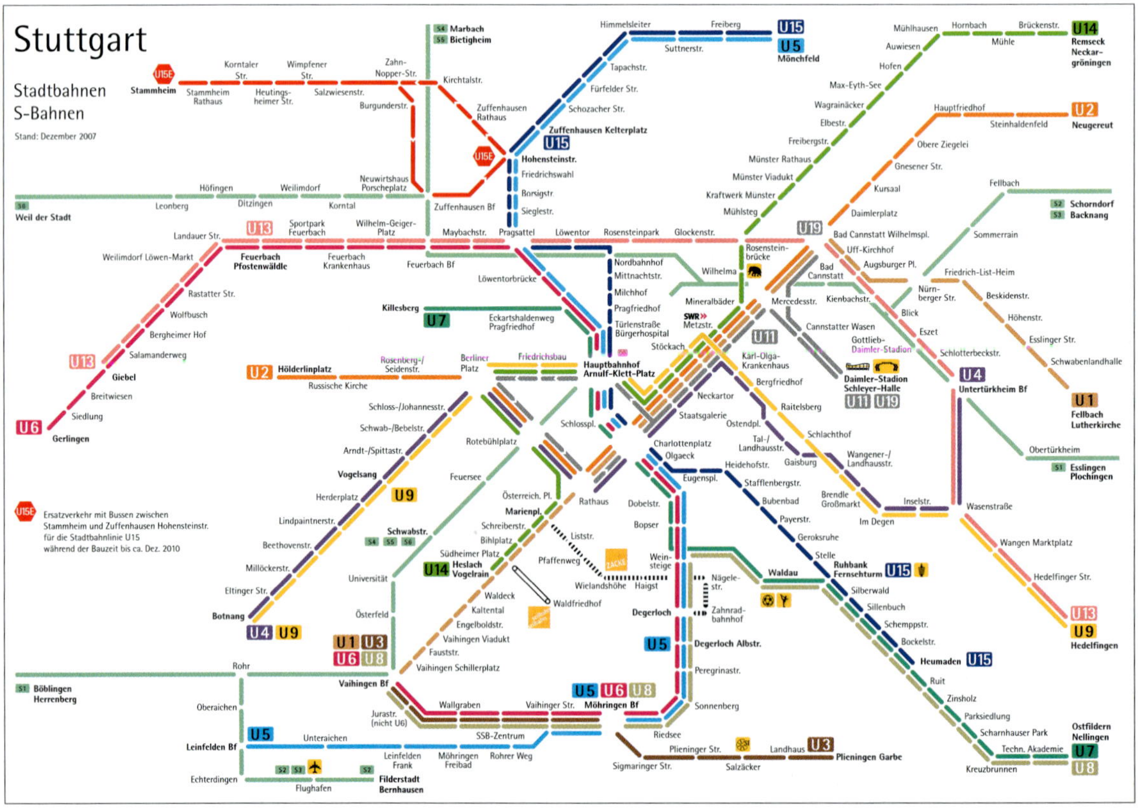

Nahverkehr in Deutschland | Urban Transport in Germany

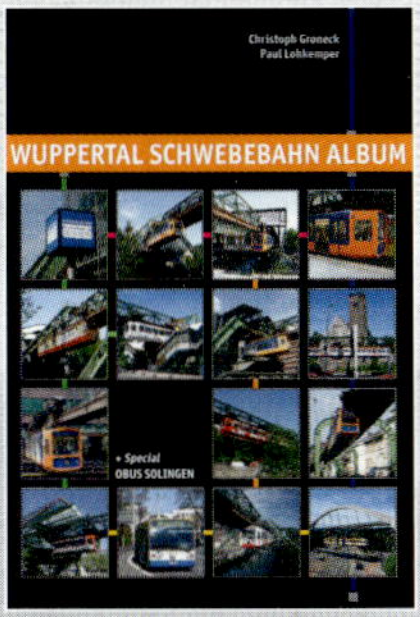

Band 9 | Vol. 9

Christoph Groneck, Paul Lohkemper:

WUPPERTAL SCHWEBEBAHN ALBUM
+ *Special* O-Bus Solingen

05/2007, ISBN 978 3 936573 15 2
64 Seiten | pages, 17x24 cm
ca. 200 Farbfotos | colour photos
2 Netzpläne | Network maps
Gleispläne | Track maps
Text deutsch | English
14,50 EUR

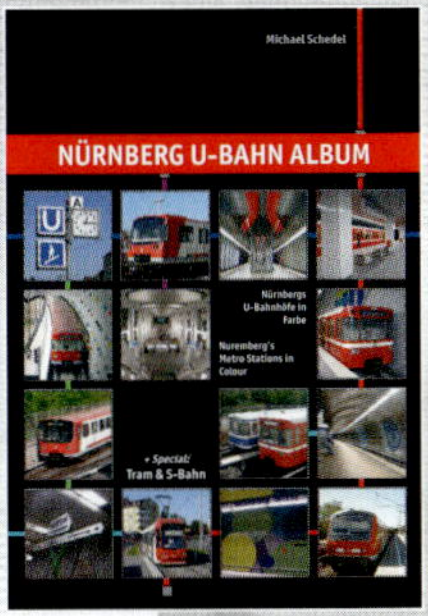

Band 8 | Vol. 8

Michael Schedel:

NÜRNBERG U-BAHN ALBUM
Nürnbergs U-Bahnhöfe in Farbe
Nuremberg's Metro Stations in Colour
+ *Special* Tram & S-Bahn

01/2007, ISBN 978 3 936573 11 4
96 Seiten | pages, 17x24 cm
300 Farbfotos | colour photos
2 Netzpläne | Network maps
Gleispläne | Track maps
Text deutsch | English
17,50 EUR

Band 7 | Vol. 7

Robert Schwandl:

HANNOVER STADTBAHN ALBUM
The Hanover Light Rail Network

08/2005, ISBN 978 3 936573 10 7
144 Seiten | pages, 17x24 cm
400 Farbfotos | colour photos
3 Netzpläne | Network maps
Text deutsch | English
19,50 EUR

Band 6 | Vol. 6

Christoph Groneck:

KÖLN/BONN STADTBAHN ALBUM
The Cologne/Bonn Light Rail Network

12/2005, ISBN 978 3 936573 07 7
144 Seiten | pages, 17x24 cm
350 Farbfotos | colour photos
3 Netzpläne | Network maps
Text deutsch | English
19,50 EUR

Band 5 | Vol. 5

Christoph Groneck, Paul Lohkemper & Robert Schwandl:

RHEIN-RUHR STADTBAHN ALBUM 2
Gelsenkirchen, Bochum, Herne, Dortmund + *Special* Bielefeld

05/2006, ISBN 978 3 936573 08 4
144 Seiten | pages, 17x24 cm
400 Farbfotos | colour photos
4 Netzpläne | Network maps
Text deutsch | English
19,50 EUR

Band 4 | Vol. 4

Ch. Groneck, P. Lohkemper & R. Schwandl:

RHEIN-RUHR STADTBAHN ALBUM 1
Düsseldorf, Duisburg, Oberhausen, Mülheim & Essen

04/2005, ISBN 978 3 936573 06 0
144 Seiten | pages, 17x24 cm
400 Farbfotos | colour photos
4 Netzpläne | Network maps
Gleispläne | Track maps
Text deutsch | English
19,50 EUR

Band 3 | Vol. 3

Robert Schwandl:

HAMBURG U-BAHN & S-BAHN ALBUM

Alle Schnellbahnhöfe der Hansestadt in Farbe
All Rapid Transit Stations in the Hanseatic City in Colour

11/2004, ISBN 978 3 936573 05 3
144 Seiten | pages, 17x24 cm
400 Farbfotos | colour photos
2 Netzpläne | Network maps
Text deutsch | English
19,50 EUR

Außerdem erhältlich | Also available:

Band 1 | Vol. 1: **BERLIN U-BAHN ALBUM**
Jul 2002, ISBN 978 3 936573 01 5, 14,50 EUR

Band 2 | Vol. 2: **BERLIN S-BAHN ALBUM**
April 2003, ISBN 978 3 936573 02 2, 14,50 EUR

Demnächst erhältlich | Soon available:

Band 11 | Vol. 11: **MÜNCHEN U-BAHN ALBUM**
06/2008, ISBN 978 3 936573 19 0, 19,50 EUR

Band 12 | Vol. 12: **FRANKFURT STADTBAHN ALBUM**
08/2008, ISBN 978 3 936573 21 3, 19,50 EUR

Weitere Informationen und Musterseiten finden Sie unter | *More details and sample pages are available at*

www.robert-schwandl.de

Unsere Bücher erhalten Sie in unserem Online-Shop | *Our books are available from our online shop*

www.schwandl.com

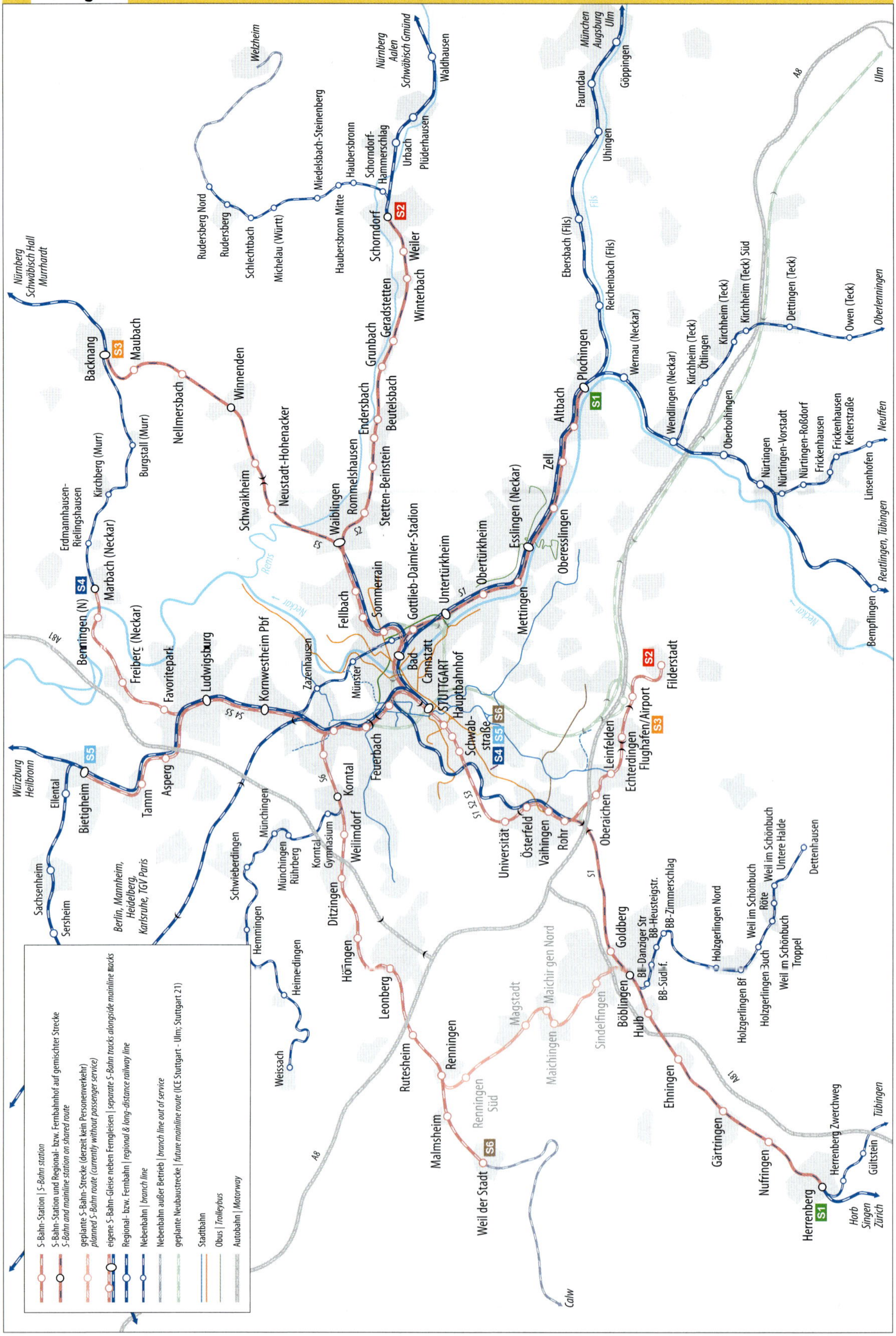
S1
S2
S3
S4
S5
S6
STUTTGART Hauptbahnhof
Bad Cannstatt
Schwabstraße
Universität
Österfeld
Vaihingen
Rohr
Oberaichen
Leinfelden
Echterdingen
Flughafen/Airport
Filderstadt
Goldberg
Böblingen
BB-Danziger Str
BB-Heusteigstr.
BB-Zimmerschlag
BB-Süd f.
Hulb
Ehningen
Gärtringen
Nufringen
Herrenberg
Herrenberg Zwerchweg
Gültstein
Tübingen
Horb Singen Zürich
Holzgerlingen Nord
Holzgerlingen Bf
Holzgerlingen Buch
Weil im Schönbuch Troppel
Weil im Schönbuch Röte
Weil im Schönbuch Untere Halde
Dettenhausen
Sindelfingen
Maichingen
Maichingen Nord
Magstadt
Renningen
Renningen Süd
Malmsheim
Weil der Stadt
Calw
Rutesheim
Leonberg
Höfingen
Ditzingen
Weilimdorf
Korntal
Feuerbach
Zuffenhausen
Kornwestheim Pbf
Ludwigsburg
Favoritepark
Freiberg (Neckar)
Benningen (N)
Marbach (Neckar)
Erdmannhausen-Rielingshausen
Kirchberg (Murr)
Burgstall (Murr)
Backnang
Maubach
Nellmersbach
Winnenden
Schwaikheim
Neustadt-Hohenacker
Waiblingen
Fellbach
Sommerrain
Rommelshausen
Stetten-Beinstein
Endersbach
Beutelsbach
Grunbach
Geradstetten
Winterbach
Weiler
Schorndorf
Urbach
Plüderhausen
Waldhausen
Nürnberg Aalen Schwäbisch Gmünd
Schorndorf-Hammerschlag
Haubersbronn
Haubersbronn Mitte
Miedelsbach-Steinenberg
Michelau (Württ)
Schlechtbach
Rudersberg
Rudersberg Nord
Welzheim
Nürnberg Schwäbisch Hall Murrhardt
Gottlieb-Daimler-Stadion
Münster
Untertürkheim
Obertürkheim
Mettingen
Esslingen (Neckar)
Oberesslingen
Zell
Altbach
Plochingen
Wernau (Neckar)
Reichenbach (Fils)
Ebersbach (Fils)
Uhingen
Faurndau
Göppingen
München Augsburg Ulm
Ulm
Wendlingen (Neckar)
Kirchheim (Teck) Ötlingen
Kirchheim (Teck)
Kirchheim (Teck) Süd
Dettingen (Teck)
Owen (Teck)
Oberlenningen
Oberboihingen
Nürtingen
Nürtingen-Vorstadt
Nürtingen-Roßdorf
Frickenhausen
Frickenhausen Kelterstraße
Linsenhofen
Neuffen
Bempflingen
Reutlingen, Tübingen
Bietigheim
Ellental
Würzburg Heilbronn
Tamm
Asperg
Sachsenheim
Sersheim
Berlin, Mannheim, Heidelberg, Karlsruhe, TGV Paris
Schwieberdingen
Hemmingen
Heimerdingen
Weissach
Münchingen
Münchingen Rührberg
Korntal Gymnasium
Neckar
Rems
Fils
A8
A81
S-Bahn-Station | S-Bahn station
S-Bahn-Station und Regional- bzw. Fernbahnhof auf gemischter Strecke | S-Bahn and mainline station on shared route
geplante S-Bahn-Strecke (derzeit kein Personenverkehr) | planned S-Bahn route (currently without passenger service)
eigene S-Bahn-Gleise neben Ferngleisen | separate S-Bahn tracks alongside mainline tracks
Regional- bzw. Fernbahn | regional & long-distance railway line
Nebenbahn | branch line
Nebenbahn außer Betrieb | branch line out of service
geplante Neubaustrecke | future mainline route (ICE Stuttgart - Ulm; Stuttgart 21)
Stadtbahn
Obus | Trolleybus
Autobahn | Motorway

Möglingen
S5 Bietigheim
S4 Marbach
Heilbronn
Ludwigsburg
Mannheim
Heidelberg
Berlin
Paris
Schwieberdingen
Weissach
Münchingen
Münchingen Rührberg
Kornwestheim
Remseck Neckargröningen
U14
Neckarrems
Rems
Brückenstraße
Mühle
Hornbach
Hegnach
Neckar
Stammheim Freihofplatz
U15
Korntaler Straße
Heutingsheimer Straße
Wimpfener Straße
Salzwiesenstraße
Kirchtalstraße
Zuffenhausen Rathaus
Tapachstr.
Mönchfeld
U5 U15
Suttnerstr.
Freiberg
Mühlhausen
Auwiesen
Oeffingen
Himmelsleiter
Zazenhausen
Hofen
U2
Neugereut
Max-Eyth-See
Wagrainäcker
Steinhaldenfeld
Korntal Gymnasium
Korntal
Neuwirtshaus (Porscheplatz)
Zuffenhausen
Fürfelder Str.
Schozacher Str.
Zuffenhausen Kelterpl.
Hohensteinstr.
Friedrichswahl
Borsigstraße
Sieglestraße
Freibergstr.
Elbestraße
Münster Rathaus
Münster
Münster Viadukt
Kraftwerk Münster
Gnesener Str.
Hauptfriedhof
Obere Ziegelei
Sommerrain
Fellbach
S3 Backnang
S2 Schorndorf
Nürnberg
Ditzingen
S6 Weil der Stadt
Weilimdorf
Feuerbach Pfostenwäldle
Landauer Str.
Löwen-Markt
Rastatter Straße
Feuerbach
Wilhelm-Geiger-Platz
U13
Sportpark Feuerbach
Feuerbach Krankenhaus
Maybachstr.
Pragsattel
Löwentor
Rosensteinbrücke
Nordbahnhof
Wilhelma
Kursaal
Beskidenstr.
Esslinger Str.
U1
Höhenstr.
Fellbach Lutherkirche
Friedrich-List-Heim
Schwabenlandhalle
Nürnberger Str.
Wilhelmspl.
Bad Cannstatt
Brenzweg
Kienbachstr.
Gerlingen Siedlung
U6
Gerlingen
Breitwiesen
Giebel
Bergheimer Hof
Wolfbusch
Salamanderweg
Löwentorbrücke
U7 Killesberg
Eckartshaldenweg
Mercedesstr.
Mineralbäder
Daimler-Stadion (Schleyer-Halle)
Blick
Gottlieb-Daimler-Stadion
1 Pragfriedhof
2 Milchhof
3 Mittnachtstraße
4 Rosensteinpark
5 Glockenstraße
6 Mühlsteg
7 Daimlerplatz
8 Uff-Kirchhof
9 Augsburger Platz
10 Cannstatter Wasen
11 Karl-Olga-Krankenhaus
12 Bergfriedhof
13 Ostendplatz
14 Tal-/Landhausstr.
15 Berliner Platz (Hohe Str.)
16 Schloss-/Johannesstr.
17 Schwab-/Bebelstr.
18 Arndt-/Spittastr.
Tunnelstraße
Metzstraße (SWR)
Raitelsberg
Schlachthof
Stöckach
Neckartor
Escht
Russische Kirche
Hauptbahnhof
U2 Hölderlinplatz
Friedrichsbau
Staatsgalerie
Gaisburg
Wangener-/Landhausstr.
Schlotterbeckstraße
Eltinger Str.
Millöckerstr.
Rosenberg-/Seidenstr.
Schlossplatz
Charlottenplatz
Heidehofstr.
Brendle (Großmarkt)
Untertürkheim
U4
U4 Botnang
U9
Beethovenstr.
Berliner Platz
Stadtmitte
Eugensplatz
Stafflenbergstr.
Im Degen
Inselstr.
Lindpaintnerstr.
Vogelsang
Feuersee
Rotebühlplatz
Rathaus
Olgaeck
Bubenbad
Wasenstr.
Wangen Marktplatz
Herderplatz
Schwabstr.
Österr. Platz
Dobelstr.
Payerstraße
Bopser
Geroksruhe
Hedelfinger Straße
Marienplatz
Schreiberstr.
Liststr.
Pfaffenweg
Stelle
Obertürkheim
Hedelfingen
U9
U13
S1 Plochingen
Ulm, München
Stadtgrenze
Bihlplatz
Heslach Vogelrain
Wielandshöhe
Südheimer Platz
Haigst
Nägelestr.
Zahnradbhf.
Weinsteige
Ruhbank (Fernsehturm)
U15
Weinstraße
Mettingen Bf
Burgunderstr.
101 Lerchenäcker
Degerloch
Waldau
Silberwald
Hengstenberg
Schlachthausbr.
Schelztor
Mettingen
Universität
Waldeck
Degerloch Albstraße
Peregrinastraße
Sillenbuch
Schemppstraße
Heumaden
Esslingen
Weilstraße
Kaltental
Sonnenberg
Bockelstraße
U15
Österfeld
Engelboldstr.
Möhringen Bahnhof
Riedsee
Ruit
Oberer Eisbergweg
Im Holder
Vaihingen Viadukt
Faststr.
Jurastr.
SSB-Zentrum
U6
Sigmaringer Straße
Zollberg
Vaihingen Schillerplatz
U1 U3
U8 U6
Vaihingen
Wallgraben
Vaihinger Straße
Plieninger Straße
Zinsholz
Parksiedlung
Salzäcker (SI-Centrum)
Scharnhauser Park
Rohrer Weg
Kemnat
Ostfildern Nellingen
Rohr
Landhaus
Kreuzbrunnen
U7
U8
Möhringen Freibad
Technische Akademie
Europaplatz
Eichwiesenring
Plieningen
Hohenheim
U3
Oberaichen
Leinfelden Frank
Bonhoefferkirche
Fasanenhof Ost
U6 (Schelmenwasenstr.)
S1 Herrenberg
Unteraichen
U5
Leinfelden
Denkendorf
Echterdingen
Flughafen/Airport
S3
Ulm
München
Neuhausen/Fildern
Filderstadt
S2
Bernhausen
Sielmingen
STADTBAHN
Tallängslinien | Valley Lines
Diagonallinien | Diagonal Lines
Talquerlinien | Cross-Valley Lines
im Bau | under construction
Tangential - U13
Tangential - U3
Station mit Bahnübergang | Station with level crossing
Station ohne Bahnübergang | Station without level crossing
straßenbündiger Abschnitt | on-street section
Betriebshof | Depot & Workshop
S-BAHN
andere Bahnstrecken
other railway routes
Proj. Stuttgart 21
Zahnradbahn | Rack railway
Standseilbahn | Funicular
Obus | Trolleybus

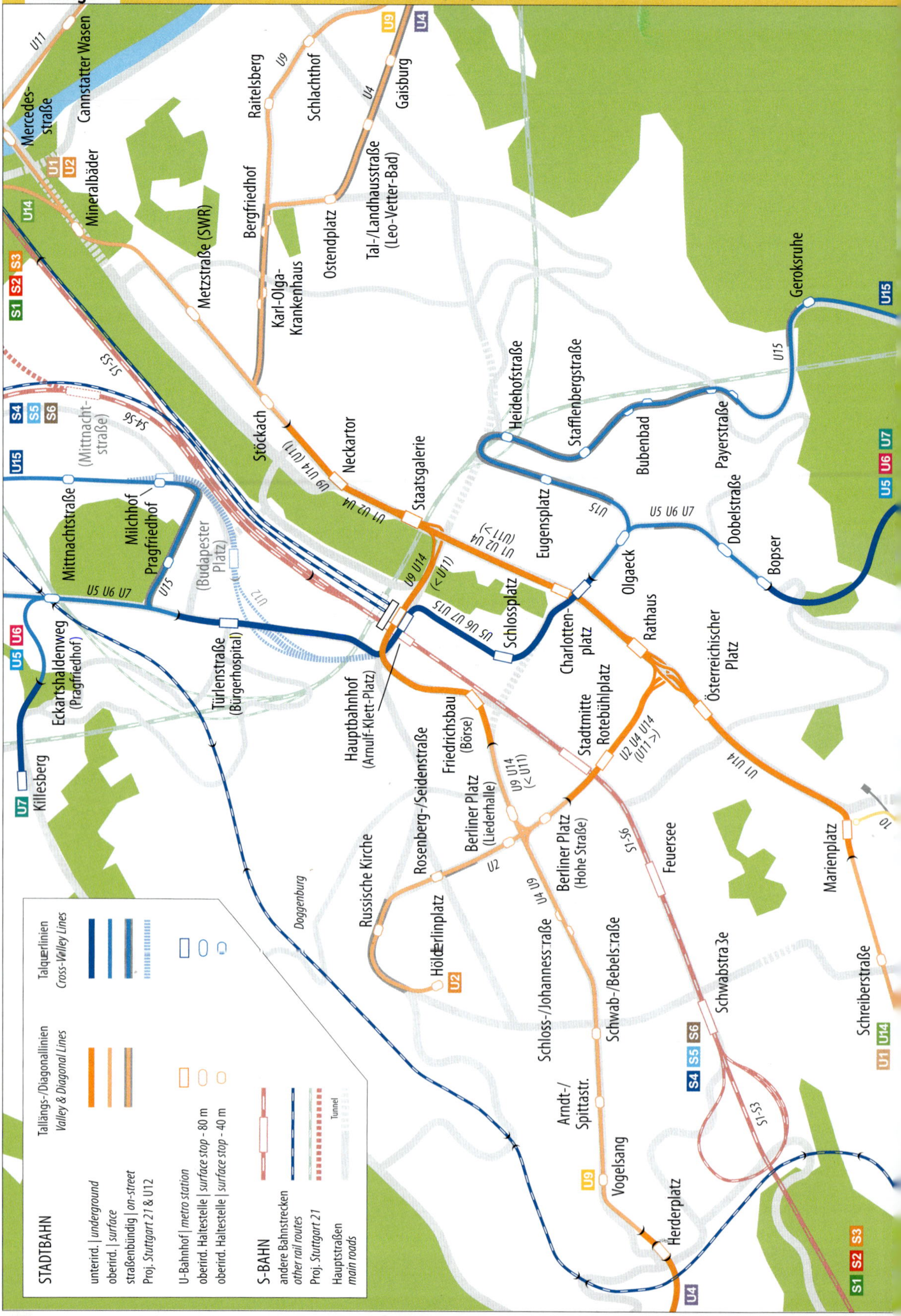
Cannstatter Wasen
Mercedes-straße
Mineralbäder
Metzstraße (SWR)
Raitelsberg
Bergfriedhof
Karl-Olga-Krankenhaus
Schlachthof
Ostendplatz
Gaisburg
Tal-/Landhausstraße (Leo-Vetter-Bad)
Stöckach
Neckartor
Staatsgalerie
Heidehofstraße
Stafflenbergstraße
Gerokstruhe
Bubenbad
Payerstraße
Eugensplatz
Dobelstraße
Olgaeck
Bopser
Schlossplatz
Charlotten-platz
Rathaus
Österreichischer Platz
Stadtmitte Rotebühlplatz
Hauptbahnhof (Arnulf-Klett-Platz)
Friedrichsbau (Börse)
Rosenberg-/Seidenstraße
Berliner Platz (Liederhalle)
Berliner Platz (Hohe Straße)
Feuersee
Marienplatz
Russische Kirche
Hölderlinplatz
Schloss-/Johannesstraße
Schwab-/Bebelstraße
Schwabstraße
Schreiberstraße
Arndt-/Spittastr.
Vogelsang
Herderplatz
Mittnachtstraße
(Mittnacht-straße)
Milchhof Pragfriedhof
(Budapester Platz)
Türlenstraße (Bürgerhospital)
Eckartshaldenweg (Pragfriedhof)
Killesberg
Doggenburg
U1 U2 U4 U9 U11 U12 U14 U15 U5 U6 U7
S1 S2 S3 S4 S5 S6
S1-S3 S4-S6 S1-S6
STADTBAHN
Talläng-/Diagonallinien Valley & Diagonal Lines
Talquerlinien Cross-Valley Lines
unterird. | underground
oberird. | surface
straßenbündig | on-street
Proj. Stuttgart 21 & U12
U-Bahnhof | metro station
oberird. Haltestelle | surface stop - 80 m
oberird. Haltestelle | surface stop - 40 m
S-BAHN
andere Bahnstrecken other rail routes
Proj. Stuttgart 21
Tunnel
Hauptstraßen main roads